生産性を高める

職場の基礎代謝

社員の「不」を解消し、
能力を引き出すヒント

白井 旬
「職場の基礎代謝®」専門家

合同フォレスト

はじめに

「ねえねえ！　最近、うちの会社って『職場の基礎代謝®』高いと思わない？」
「そうそう！　みんなの表情……前に比べて、ずいぶん明るくなったよねー」
「業績もアップしてるし、雰囲気いいよねー。人事も新卒採用が好調っていってたよ！」

そんな会話が、日本中の職場で増えています。

◆

本書を手に取られた方は、日々の業務において「組織のパフォーマンス（労働生産性、実力）」に、課題をお持ちのリーダーかもしれません。あるいは、企業文化や組織風土とも違う「職場の基礎代謝」という目新しい言葉に、関心を寄せた経営者や人事担当者かもしれません。

いずれの皆さまも、生産性の向上や労働時間の短縮、人材の多様化や組織の活性化など、いわゆる「働き方改革」という大きな時流の真っただ中にいらっしゃることでしょう。

その中には、

「なんで自分ばっかり、しんどい思いを……」

「人手不足なのに、労働時間の短縮なんて……」

「本当はもっと良い結果になるはずなのに……」

と感じている方も、いらっしゃるのではないでしょうか。


実はこれ、旅行会社で主任として、さらには、IT企業で支店長として働いていた当時、そして、2012年に、特定非営利活動法人（NPO法人）沖縄人財クラスタ研究会の三代目の代表理事となって以降も、消そうとしても消しきれなかった私自身の長年の「悩み」だったのです。

そんな長年の「悩み」を、たった半年で解決してくれたのが「職場の基礎代謝」という考え方です。

「職場の基礎代謝」という考え方は、ある1冊の本との出会いから生まれました。

それを、経営者や管理職、人事や育成を担当される方に伝えては、何度も練り直し、試行錯誤を重ね、1年をかけて体系的に整理しました。それを自身の中に落とし込んだ瞬間、気持ちがスーッと楽になったのを今でも覚えています。

それからの1年間、「職場の基礎代謝」を意識して仕事をしたところ、社員3名、業務委託メンバー2名、学生アルバイト2名という小さな組織でありながら、5年前と比べると事業規模が50倍近くのNPO法人へと成長しました。

さらに、私たちが以前、業務の効率化や労働時間の短縮、社員の定着率アップや採用力の向上、業績の回復や新規事業の立上げなどのサポートをさせていただき、良い結果を収めた企業を改めてヒアリングしてみました。

すると、事業規模や人数、業種・業界にかかわらず、どの企業でも「職場の基礎代謝」が高まったことで、「組織のパフォーマンス（生産性）」がアップしていることが分かったのです。

この「職場の基礎代謝」を意識することで、自身とスタッフとの関係性、仕事に対する人の配分・配置、スタッフ同士の人間関係など、職場で起こっているさまざまな出来事を、客観的かつ総合的に捉えられるようになります。

本書のあらましは次のとおりです。どの項目からお読みいただいても問題ありません。

たとえば、「職場の問題は把握しているから、第1章は読み飛ばそう」「まずはすぐにできる『不』の解消方法を知りたいので、第3章と第4章を読もう」「各企業での導入・成功事例を知りたいので、第6章を読もう」といった具合です。

- **第1章**：「基礎代謝」が低い日本の職場の現状について、さまざまなデータや取組みなどから理解を深め、問題点をあぶり出します。また、「職場の基礎代謝」を高めるメリットや、「基礎代謝」という考え方が生まれた背景をご紹介します。
- **第2章**：「職場の基礎代謝」を低下させる仕組みや、低下の原因にはさまざまな「不」が潜んでいることをご紹介します（＊第2章は本書の肝となる部分です）。
- **第3章**：職場に潜むさまざまな「不」は、解消できなければ、やがて「怒り」へと変わります。そうなる前に、「怒り」を正しく知り、コントロールするために「アンガーマネジメント」の考え方を上手に取り入れる方法をご紹介します。
- **第4章**：「不」のタイプ別に、解消方法と企業での導入事例をご紹介します。合計27の解消方法は、どれも今日から実践できるものばかりです。
- **第5章**：インターンシップや異業種交流型研修、サーキットトレーニング型研修など、外部と積極的なつながりを持つことで、職場や社員のさらなる生産性・成長・能力アップを目指す取組みをご紹介します。

・**第6章**：「職場の基礎代謝」の考え方を取り入れた、各企業の取組みと成果をご紹介します。サービス業や製造業など、さまざまな業種で応用できる考え方です。

「職場の基礎代謝」が高まったことにより、落ち着いた気持ちで指示や対応ができるようになると、そこから生まれた余裕によって、少しずつ職場が明るくなってきます。

さらには、新規事業が早期に軌道に乗る、疎遠になっていたお客さまが戻ってくる、多様なメンバーが集まってくるなど、全ての面において、良い循環が始まります。

ぜひ、あなたの会社でも「職場の基礎代謝」の考え方を取り入れてみてください。

2018年3月

「職場の基礎代謝®」専門家
沖縄人財クラスタ研究会　代表理事
白井　旬

◉もくじ

第2章 社員の能力×職場の基礎代謝＝会社の実力（組織の生産性）

第3章 「不機嫌」を解消する第一歩はアンガーマネジメント

第4章 「不」のタイプ別 今日からできる27の解消法

第5章　「職場の基礎代謝」を上げる次なるステップ

第6章　「職場の基礎代謝」サクセス・ストーリー——各社の取組みと効果

第1章

「基礎代謝」が低い日本の職場

1 孤軍奮闘している職場のリーダーたち

インターネットで「上司」や「同僚」というキーワードで検索すると、「上司　合わない」「同僚　嫌い」などネガティブなものと同程度に、「上司　好き」「同僚　誕生日プレゼント」などポジティブなものも出てきます。

一方、「職場」というキーワードで検索すると、「職場　脈あり」「職場　好意」など微笑ましいものがある一方、「職場　人間関係　疲れた」「職場　孤立」「職場　嫌いな人」「職場　ストレス」「職場　苦手」など、ネガティブなものも数多く並びます。果たして、今、**日本の職場やそこで働く人々の状況は、どうなっているのでしょうか。**

2016年8月にHR総研が発表した「社内コミュニケーションに関する調査」では、企業規模を問わず8割近い企業が「社内コミュニケーションに課題を感じている」と回答しています。また、7割近い企業が「部門間・事業所間のコミュニケーションに課題あり」と回答しています。同調査では、**「コミュニケーション不全の内容に、企業規模によ**

る差異は少ない」としています。

この調査結果でも示されているように、現在の日本の職場では、「お互いが疑心暗鬼の中で働き、気軽に相談できる相手がおらず孤立している」「個人での仕事が増え、職場全体でのコミュニケーションの総量が不足している」と考えられ、職場には本来のパフォーマンス（実力）が発揮できないスタッフが増えているともいえます。

そして、この調査では、「部長とメンバー間」および、特に大企業では「課長とメンバー間」での課題が多いとしています。

このことは、現在の日本の職場において、プレイングマネジャー化が進み「自分のお客さまや成績のことで手一杯で、部下の面倒まで見られない」や、各種ハラスメントを気にするあまりに「コミュニケーションを取ろうにも、こちらから声を掛けられない」という感情を持ちながら、孤軍奮闘するリーダーが増えているともいえます。

本書では、このような**本来のパフォーマンスが発揮できないスタッフや孤軍奮闘するリーダーが増えている状態を「職場の基礎代謝」が低下していると定義しています。**

2 人手不足と時短勤務で悩みは深まる

厚生労働省発表「一般職業紹介状況」によると、2017年9月の有効求人倍率は1・52倍となっており、これは、バブル期である1990年7月当時の1・46倍を大きく上回る状況です。その他、正社員だけに絞った有効求人倍率も1・02倍となっており、2004年11月にデータを取り始めてから、過去最高の水準を記録しています。

また、総務省発表「労働力調査」2017年4月分でも、完全失業率が3カ月連続で2・8%となるなど、失業率の面からみてもバブル期並みの好景気が続いています。

一方で、若年労働人口の減少に伴い、日本全体の生産年齢人口（15〜64歳）が減っている状況を鑑みると、**今後、ますます人手不足感が高まるのは間違いないでしょう。**

中小企業基盤整備機構のアンケート調査報告「人手不足に関する中小企業への影響と対応状況」（2017年5月）によると、人手不足を感じている企業は全体の73・7%で、うち「かなり深刻」が19・7%、「深刻」が33・1%と半数以上が人手不足を深刻に捉えています。

これは、「人材の採用が困難」と回答した企業が75・6％いることでも明らかです。人手不足は、今後、売上減少や商品・サービスの質の低下、利益減少（人件費、外注費などのコスト増）につながるともしています。

その他にも、東京商工リサーチの２０１７年11月度の発表では、「人手不足」関連倒産について、「求人難」型が、２０１７年1～11月では前年同期より1・8倍増で推移しているとしています。

こうした一連の動きは、テレビでも大きく取り上げられました。ＮＨＫの「クローズアップ現代＊」番組ＨＰによると、**特集ダイジェストで取り上げた「人手不足」に関する記事の数は31件に及んでいます**（「おはよう日本」なども含む）。

そのうち、２０１７年のものだけでも14件あります（２０１７年12月15日放送「人手不足は深刻化　シニアを活用！」や同年6月14日放送「人手不足　こうして変える働き方」など）。

＊ＮＨＫ「クローズアップ現代」ＨＰ「人手不足」関連記事一覧
http://www.nhk.or.jp/gendai/digest/hitodebusoku.html

第1章
第2章
第3章
第4章
第5章
第6章

3 労働生産性アップは「働き方改革」の本丸

２０１７年３月28日、日本政府は首相官邸で働き方改革実現会議を開き、長時間労働の是正や同一労働同一賃金の導入を盛り込んだ「働き方改革実行計画」をまとめています。

この計画は、具体的には以下の９分野です。２０１７年度からの10年間の工程表も盛り込まれており、**「働き方改革」について大きな一歩を踏み出したといえます。**

①非正規雇用の処遇改善（同一労働同一賃金など）
②賃金引上げと労働生産性向上（最低賃金の引上げなど）
③長時間労働の是正（時間外労働の上限規制など）
④柔軟な働き方の支援（テレワークの拡大、副業・兼業推進など）
⑤子育て・介護と仕事の両立推進（保育・介護職員の待遇改善など）
⑥外国人材の受入れ（具体的に、検討開始）
⑦女性・若者の活躍推進（就職氷河期世代への支援など）

⑧転職・再就職の支援（転職受入れの助成、人材教育など）
⑨高齢者の就業促進（65歳以上の継続雇用など）

これら9分野のうち、①～④、⑧は「非正規職員の待遇改善や労働時間短縮につながる労働生産性の向上」ともいえます。その中で、非正規職員の待遇については、全国的にも改善傾向にあります。実際に、私が２００６年から暮らしている沖縄県（一人あたりの県民所得が全国最下位）でも、ここ10年で最も高いという実感がありますし、求人誌を発行している企業や人材紹介会社へのヒアリングでも改善傾向にあるという回答を得ています。

この側面だけを見ると、企業側の業績がアップし、それが、正社員や非正規職員への待遇改善へと還元されているように感じてしまいますが、実態はそうでもなさそうです。

これは、「業績がアップしたことによる待遇改善」ではなく、**「人材不足に対応するための待遇改善」**であることを示しており、このままのムリな状態を続けていると、近く、破綻する企業が増えるのは想像にたやすいところです。このことからも、**パフォーマンス（労働生産性）アップは「働き方改革」の本丸であることは間違いなさそうです。**

4 沖縄県で人材育成企業認証制度がスタート

２０１３年の秋、行政が人材育成に優れた企業を認証する全国初の制度「沖縄県人材育成企業認証制度（通称：働きがい企業認証制度）」が、創設されました。

慶應義塾大学大学院の高橋俊介先生（政策・メディア研究科特任教授）の提案・設計による当制度が目指すのは、「働きがいのある、魅力ある職場づくり」です。**従業員が「働きやすさ」と「働きがい」を感じる企業、そして、従業員のスキルアップとキャリア形成支援を行う人材育成に優れた企業を沖縄県が認証する**ことにより、企業に積極的な人材育成の取組みを促し、沖縄県内の「雇用の質の向上」を図ることを目的としたものです。

今でこそ、当たり前となった「働きがい」や「人材育成」ですが、２０１３年当時に、本気で注力している企業の絶対数は少なく、「官公庁が陣頭指揮をとっていること」「人材育成を地域経済の中心と定義したこと」により、当制度は、大いに注目を集めました。

私は、不思議なご縁をいただき、その事務局（沖縄人財クラスタ研究会）代表として、当初より携わらせていただいています。

当制度では、「ビジョンと人材像の実質化」や「コミュニケーションを通じた人材育成」をはじめとする「働きがい5分野15項目」に関する従業員アンケート、そして、経営者・中間管理職・人事担当者・中堅社員・若手社員へのヒアリングなどにより、総合的に審査が行われています。なお、２０１７年9月末時点の認証企業は30社です。

認証企業には、沖縄県知事名での認証証書の授与はもちろんのこと、名刺や会社案内、そして、合同企業説明会で活用可能な「沖縄県人材育成認証企業」のロゴマークが付与されます。加えて、２０１７年2月からスタートした沖縄県の広報番組「働きがいＴＶ」*（30分番組）にて、毎回10分×2社の認証企業が紹介され、企業ＰＲに一役買っています。

番組の企業紹介では、**認証企業が取り組む人材育成施策**を、**成長する若手社員を中心に、経営者や人事担当者の目線を通して描く**ことに注力しています。

結果として、企業が参考にしたり、学生が企業選びの基準にしたりできると好評を博し、沖縄県のローカル番組（琉球放送）ながら、最高視聴率11・8％を記録するなど注目を集めています。

*「働きがいＴＶ」は県内企業雇用環境改善支援事業ＨＰでご覧いただけます。(http://okinawa-jinzai-ninsyou.jp/)

5 健康本からのヒント「基礎代謝」とは

前出の「沖縄県人材育成企業認証制度」の認証審査においては、企業規模は10～500人超まで、業種・業界は観光・IT・福祉・金融・建設など、歴史は3～50年超まで、ありとあらゆる会社にお伺いします。

従業員アンケートやヒアリングを通して、経営者の未来を見据える目、中間管理職や人事担当者の熱い思い、社員の切なる願いなどに触れるうちに、とあることに気づきます。

それは、**認証を取得する企業は、何をやっても「うまくいく」状態が長続きする。**その一方で、認証を取得できない企業は、一時的には改善するものの、結局「元に戻ってしまう」という傾向があることでした。

そして、明確な原因が把握できないまま「なぜか、うまくいかない」という状態が続いているため、「職場の問題」を本質的に解決できないでいるのです。

そこで感じたのは、各社、人材育成における「仕組み」と「仕掛け」に、個性や特徴が

表1－5　基礎代謝が上がるメリット、下がるデメリット

代謝が高い状態		代謝が低い状態
① 活動的で、疲れにくい	⇔	① いつでもだるく、疲れやすい
② 血行が良く、冷えとは無縁	⇔	② 風邪を引きやすく、夏でも冷えを感じる
③ 快眠快便で、肌質がいい	⇔	③ 便秘気味でよく眠れず、肌荒れが目立つ
④ きちんと食べているが、太りにくい	⇔	④ 太りやすく、年齢よりも老けて見える

＊『代謝を上げると健康になる』（鶴見隆史著、マキノ出版）をもとに筆者作成。

あること以上に、認証を取得する企業には、「企業文化」や「組織風土」そして「コミュニケーション」の良し悪しとは異なる、共通の「何か」が存在するということでした。

その「何か」は、生活習慣病予防のために偶然手に取った本『代謝を上げると健康になる』（鶴見隆史著、マキノ出版）にあった、「基礎代謝」でした（表1－5参照）。

この「基礎代謝」を企業に当てはめて考えてみると、**「基礎代謝が高い」企業は、良い状態が連動して続き、「基礎代謝が低い」企業は、好ましくないことが連鎖して起こる。**こういうことが見事に当てはまるのです。

6 「基礎代謝」が低いと何をやっても効果がない

「基礎代謝」という言葉に出合ってから、ずっと考えていたことがあります。

それは、身体（＝人）に「基礎代謝」があるように、企業（＝法人）にも「基礎代謝」があるのではないか。

そして、「企業（は）人なり」という考え方があるように、「企業（も）人なり」という考え方もあるのではないか。

そのため、**能力はあっても、「基礎代謝」が下がると「人」も「職場」も実力（パフォーマンス）が低下する**のではないかということでした。

そこで、医療・美容関係者、スポーツ選手などさまざまな分野の方にヒアリングを行った結果、表1－6にあるように、身体（＝人）と企業（＝法人）を「基礎代謝」で関連づけし、整理することができたのです。

表1－6 「基礎代謝」が低下した状態
——身体（人）と企業（法人）の対比

	身体（人）の場合		企業（法人）の場合
1	血液の流れが悪くなる。	▶	社長の思いや大切な情報が末端まで届かなくなる。 ⇨**支店社員や一般社員ほど冷えている。**
2	リンパの流れが悪くなる。	▶	ミスやトラブルなどの情報伝達が滞る。 ⇨**問題への対応が遅れがちになる。**
3	汗をかきにくくなる。	▶	汗をかく仕事（面倒なこと）をしなくなる。 ⇨**他人・他部署の仕事に関わらなくなる。**
4	肌のハリ・ツヤがなくなる。	▶	社員に輝きがなくなり、採用力が衰える。 ⇨**活力が失われ、会社の魅力も低下する。**
5	太りやすく・疲れやすくなる。	▶	動くこと・新しいことが面倒に感じられてくる。 ⇨**新しいことが億劫になる。成長が鈍化する。**
6	イライラすることが多くなる。	▶	外部・内部でトラブルが多くなってくる。 ⇨**職場の雰囲気が悪くなり、離職者が増える。**
	結果として、 **生活習慣病のおそれ**	▶	結果として、 **大企業病のおそれ**

7 「飲み会」「運動会」「社員旅行」が増えている

かつては、若手社員に敬遠される、会社イベントの代表的存在といえば、「飲み会」「運動会」「社員旅行」でした。しかし２０１４年頃から、「運動会」の効果が見直され、「復活の兆しを見せている」という記事が出始めました。

実際、２０１４年11月11日放送「ガイアの夜明け」（テレビ東京系列）の「シリーズ『働き方が変わる』第９弾　社内の〝見えない壁〟をぶち壊せ」で「運動会」が取り上げられています。

また、２０１６年９月13日の「リクナビＮＥＸＴジャーナル」にも『社内運動会』が再ブームの兆し？　成功の秘訣は『参加者目線』」という記事があり、**運動会を企画・実施した企業担当者の声として「想像以上のメリットがあった」**というものがあります。

この「運動会」の効果について、企業経営者や人事担当者、そして、組織活性化コンサルタントにもヒアリングをしてみると、概ね、以下のような回答が得られました。

■ **運動会の効果**

①他部署や関わりのないメンバーとの交流が生まれる。

②メンバーの本来のキャラクターや意外な一面を発見できる。

③経営者や役職者と社員との距離が近くなる。「ツッコマビリティ*」が生まれる。

*「ツッコマれる+アビリティ」の造語で、ざっくばらんに言い合える能力のこと。

■ **運動会後の職場での効果**

①日常的なコミュニケーション（挨拶や立ち話など）が増える。

②職場全体が明るくなり、全体として相互支援的な雰囲気が高まる。

③部署を横断してのプロジェクトにおいて、チームワークが良くなる。

運動会を企画・実施したことで、部署・役職を越えてのコミュニケーションが活発になり、会社全体のパフォーマンスが向上していることが考えられます。そして、**この運動会の事例にこそ「職場の基礎代謝」の重要なポイントが隠されています。**

第2章からは、「職場の基礎代謝」のポイントを深掘りすることにより、職場における多くの問題を「解決する糸口」を見つけていきます。

第1章 コラム

社内運動会にもノウハウがある!?

「社員イベントなどでは役員に、重いビールサーバーを背負ってもらうと、**社員との距離が近くなるんですよ。**早く軽くして楽になりたいので、役員が社員に対して、どんどんビールを注ぎにいきます」と語るのは、株式会社ゼロイン取締役副社長の並河研氏。

株式会社ゼロイン（東京都中央区／大條充能・代表取締役会長兼社長兼CEO）は、「企業のビジョン・経営戦略を実現するために、組織・従業員のより良い仕事を生み出す、アクション創出・最大化サポート企業」として、主に「コミュニケーション」「オフィス環境」「オフィス運営」の3領域で事業を展開しています。

同社の「社内運動会」に関するノウハウは、以下のような基本的な内容の他に、**「目からうろこ」**のものが多くあります。興味のある方は、ぜひゼロイン社までお問い合わせください（https://cd.zeroin.co.jp/）。

- **運動会のプログラム：**誰でも楽しめる種目で、行動指針と競技名を掛け合わせる。
（**例** 指針1：本気を出す、指針2：変化に対応　と　競技名：玉入れ　↓　「本気で投げて、変化に対応！　移動玉入れ」）
- **運動会のしおり：**往路のバスで参加者に配布し、遠足のようなワクワク感を与える。
- **グッズの活用：**チームカラーTシャツ、スティックバルーンで自然に応援したくなる雰囲気を作る。
- **社員の巻き込み：**準備段階からチームリーダー&体操のお兄さんを任命する。
- **雨天時の対応：**雨の場合を想定し、体育館を確保しておく。体育館で開催する際は、コーナーの角度があるため、ケガなどに注意する。

第2章

社員の能力×職場の基礎代謝＝会社の実力（組織の生産性）

1 「基礎代謝」低下の仕組みは、人も職場も同じ

スタッフ個々のパフォーマンス、会社全体の売上高や利益率、さらには、人材の採用・定着・育成力など多方面に、大きな影響を与える「職場の基礎代謝」。

そもそも、**なぜ「基礎代謝」は低下するのでしょうか。**物事には、原因（理由）があって、結果があります。

つまり、「基礎代謝」低下の原因（理由）が分かれば、より具体的に改善を図ることができます。また、事前の対策により、「基礎代謝」の低下を未然に防ぐこともできます。

運動不足や睡眠不足、不規則な生活や不摂生が祟《たた》った、不安な出来事があるなど、何らかの理由で「不」が増えたときに、「基礎代謝」が低下するのは、皆さまも過去の経験から実感としてあると思います。

実際に、内科・外科・小児科・産婦人科・眼科・耳鼻咽喉科などの医療関係者や美容関係者にもヒアリングを行ったところ、「確かにそういうことがある」との回答を得ることができました。

図2－1　「職場の基礎代謝」を下げる原因を探す

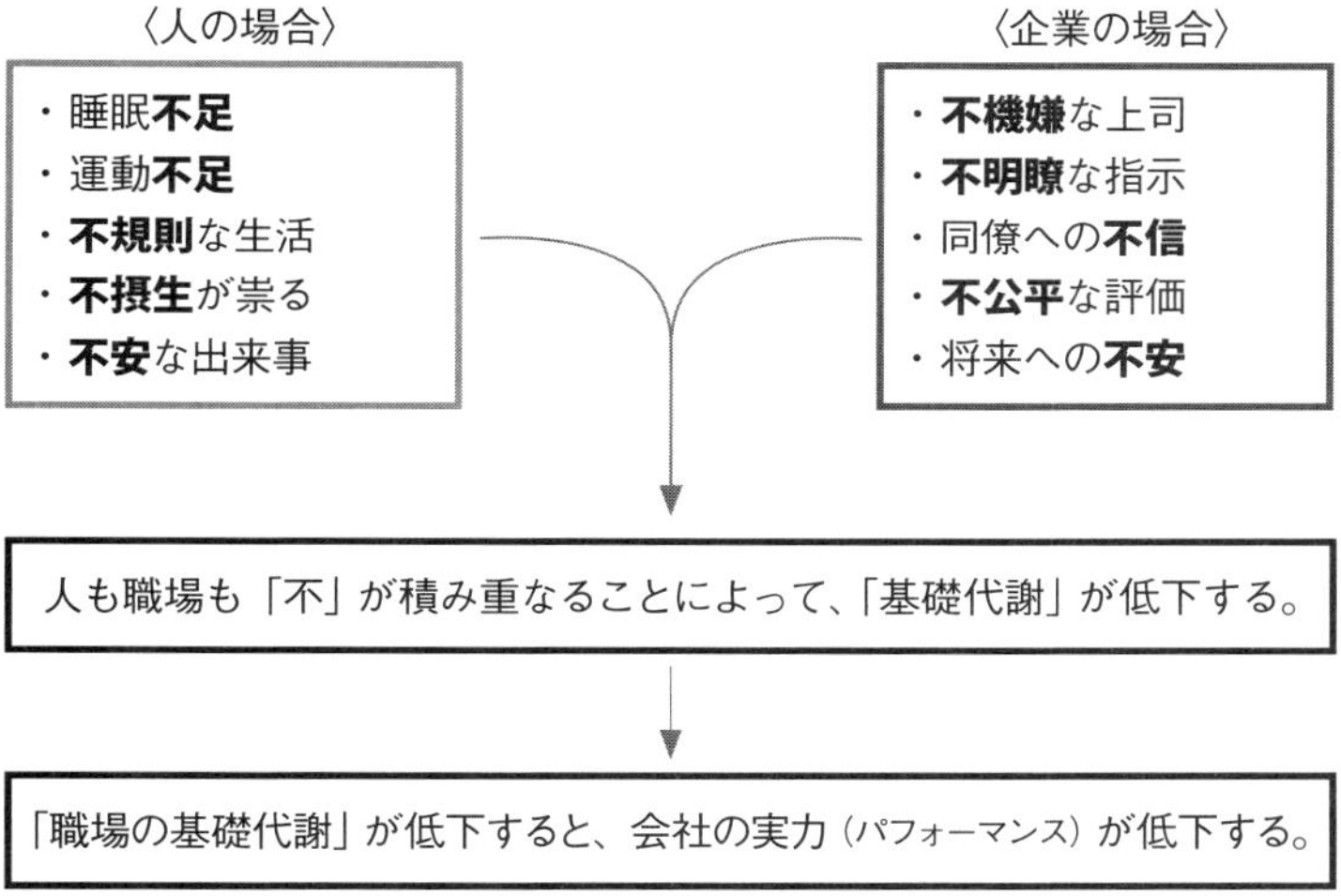
〈人の場合〉
・睡眠**不足**
・運動**不足**
・**不規則**な生活
・**不摂生**が祟る
・**不安**な出来事
〈企業の場合〉
・**不機嫌**な上司
・**不明瞭**な指示
・同僚への**不信**
・**不公平**な評価
・将来への**不安**
人も職場も「不」が積み重なることによって、「基礎代謝」が低下する。
「職場の基礎代謝」が低下すると、会社の実力（パフォーマンス）が低下する。

そして、この「不」は、連鎖をしやすく、重なりやすいという特徴があります。

例えば、締め切りに追われ、徹夜続きで睡眠不足。その上、真夜中に食事をとるなど不規則な生活が続き、休みもとれずに運動不足に陥るといった具合です。

これは、職場も同じことです。つまり、**「不」が積み重なる ↓ 「基礎代謝」が低下する ↓ パフォーマンスが低下すると**いうことになります（図2－1参照）。

これを簡略化して考えてみると、「能力×不○○＝実力（パフォーマンス）の低下」という公式が成り立つのです。次節から詳しくご説明します。

2 「能力×○○＝実力（パフォーマンス）」で考える

職場の基礎代謝を下げる公式を、馴染みやすいところで例えると、野球の「ブルペンエース」が近いといえるでしょう。

ブルペンエースとは、文字どおり、ブルペン（練習場）では、エース級に素晴らしいボールを投げるのに、試合になると打たれてしまうピッチャーのことをいいます。

「ブルペン（練習場）で良い球を投げる」＝**保有している能力は高い**が、試合になると「不安」からくる緊張などで、「打たれてしまう」＝**実力を発揮できない**。

まさに、「能力×不安＝実力（パフォーマンス）低下」という公式に当てはまります。

あるいは、その逆もあるでしょう。プロ野球で前年最下位だったチームが、翌年、突如として優勝することが、度々起こります。

前年最下位ですから、球団にお金の余裕もあまりなく、大型選手の補強もままなりません。選手は、前年とほぼ同じ顔ぶれで、変わったのは監督ぐらい。

これでは、ファンの目から見ても、あまり期待できそうにないという状況です。

ところが、2～3月の春季キャンプの様子を見ていると（沖縄は毎年プロ野球のキャンプ地になるため間近で見学できる）、監督・コーチを中心に、選手が実に楽しそうに練習をしていて、表情もイキイキと輝いています。

普段は、厳しめのファンですら「あれっ？　今年はチームの雰囲気がいいな。ひょっとすると……いやいや」と淡い期待を抱いてしまう「何か」を感じさせています。

そして、オープン戦がスタート。キャンプ中の良い雰囲気のまま、選手はイキイキと躍動感に溢れ、監督の采配も見事に決まり、好成績を残します。

ペナントレースに入っても、その勢いは衰えず夏前には単独首位に。途中、スタミナ切れか、経験不足か、強豪球団に追いつかれて混戦模様になるも、ファンの声援が後押しとなり、最後には頭一つ抜け出して、そのまま優勝というストーリー。

これは、まぎれもなく、**選手個々の持てる能力を、監督が中心となって引き出し、実力として如何なく発揮した結果**だといえます。これを先の公式に当てはめて考えてみると、

表2－2 「職場の基礎代謝」が上がり、実力（パフォーマンス）がアップした一例

A社（介護・福祉）	・3年間で事業規模が7倍へ（スタッフ数は4倍）。 ・新規事業を3年間で4つ立上げ。
B社（空港サービス）	・新卒の人気企業ランキングが圏外（31位以下）から1位へ。 ・主要8都市でのお客さま満足度調査の結果が8位から1位へ。
C社（訪問販売）	・定着率（リピート率）が65%から78%へ。 ・顧客単価21%アップ。
D社（飲食サービス）	・3期連続で対前年比105%の増収増益へ。 ・商業施設からの出店依頼件数が過去最高。
E社（旅行会社）	・粗利益率が業界平均の5%から11%へ。 ・残業時間を68%削減。
F社（ITサービス）	・入社3年以内の離職率が54%から12%へ。 ・非正規職員の正社員登用率がアップ。

「能力×ご機嫌＝実力（パフォーマンス）**のアップ」**となります。

これらは、いずれもスポーツにおける事例ですが、「能力×○○＝実力」の関係は、ビジネスの世界でも同じで、次のような公式**「社員の能力×職場の基礎代謝＝会社の実力**（組織の生産性）**」**でシンプルに考えることができます。

ここで、分かりやすいように、私たち沖縄人財クラスタ研究会が、「職場の基礎代謝」アップのお手伝いをさせていただいた企業のうち、良い結果を生み出した事例をご説明します（表2－2参照）。

業務の効率化や労働時間の短縮、社員の定着率アップや採用力の向上、業績の回復や新規事業の立上げなど、良い結果は多岐にわたります。

そして、これらの企業に対して、改めてヒアリングや分析をお願いしたところ、どの企業も、**「職場の基礎代謝」が高まった ↓ 「組織の生産性」がアップした ↓ 「望ましい結果」につながった……**となっていることが分かったのです。

また、「職場の基礎代謝」が高まった頃から、「何をやっても、良い結果につながる」と多くの経営者や管理職が感じていました。

それだけでなく、そこで働く社員の皆さまからも、「職場の雰囲気が良くなり、仕事がスムーズになった」という意見が多く挙がりました。

3 「職場の基礎代謝」を下げる原因を探す

ここでは、「職場の基礎代謝」を下げる原因である、職場に存在するさまざまな「不」について考えてみます。

一例として、**「不機嫌な上司」「不明瞭な指示」「同僚への不信感」「将来への不安」**などが挙げられるでしょう。それを「能力×不○○＝実力（パフォーマンス）低下」という公式にあてはめたものが表2－3です。皆さまも思い当たる節はないでしょうか。

①「能力×**不機嫌**＝実力低下」については、自戒の念をこめて書いているのですが、なかなかどうして、イライラすることが多いのも事実です。

それもあり、私自身が「アンガーマネジメント」のファシリテーター資格を取得し、職場や個人の不機嫌を取り除くお手伝いをさせていただいています。

② 経営理念や行動指針を朝礼などで唱和するのみで、スタッフに「腹落ち」感がない場合も、「能力×**不明瞭**＝実力低下」に当てはまります。

表2－3　実力（パフォーマンス）低下を引き起こす「不」の種類

①	能力×**不機嫌**＝実力低下	上司が常に**不機嫌**だと、部下が気軽に相談できず、行動が遅れ気味になる。 あるいは、間違った行動をとり続けてしまい、ミスが拡大する。
②	能力×**不明瞭**＝実力低下	会社の方向性や判断基準、業務指示が**不明瞭**だと、社員が判断に迷い、行動に遅れが出る。 内容の行き違いにより、やり直し（手戻り）などが発生してしまう。
③	能力×**不信感**＝実力低下	同僚同士が**不信感**を持ったままだと、疑心暗鬼となり、心の余裕がなくなる。協力・協働的から対抗・対立的な行動が目立つようになる。
④	能力×**不自然**＝実力低下	特定の人への過剰な負担など、**不自然**な状態を放置したままだと、ムダ・ムラ・ムリが生じる。品質や信頼が低下し、売上・利益がダウンする。
⑤	能力×**不〇〇**＝実力低下	**不一致、不信任、不十分、不理解、不案内、不自由**など、職場の一つの「不」から、さまざまな「不」の連鎖が始まる。

特に、接客などのサービス業では、スタッフが現場で、個々人で考えて対応するため、理念や指針（＝判断基準）の浸透がなおさら重要です。

③「能力×**不信感**＝実力低下」については、前職のパッケージソフト（旅行業における営業から経理までの業務を標準化して管理するシステム）の導入サポートの際に、多く経験したことがあります。

パッケージソフトを「仕組み」として考えると、各社の運用ルールは「仕掛け」となりますが、**「仕組み」は同じものを入れても、「仕掛け」がうまく機能しないと、システムの導入効果が薄れてしまう**ことが度々ありました。

典型的なのは、「営業部門」と「経理部門」、「仕入部署」と「企画部署」といった部門・部署間、あるいは「経営側」と「課長クラス側」といった役職間での不信感です。

運用ルールを決める際、「このシステムは、経理側に寄ったシステム！　営業の負荷が増えるばかり」や「社長はシステムで私たちの数字を把握しようとしている！信用していないのか？」といった声が出ないように、会社としての目指すべき効果をふまえた上で、双方からの意見・要望を聞き出し、システムの導入効果が出る着地点を探すことが求められました。

④ 特定の人に仕事が集中する、Aさんにしかできない仕事が存在するといった場合、そのAさんが出張や病欠で不在となると、組織としての活動が一時停止に陥るのは「能力×**不自然**＝実力低下」状態であるといえるでしょう。

組織である以上、できるだけ不自然つまり「ムダ・ムラ・ムリ」な状態を改善していくことが求められます。

⑤ その他にも、重要な情報が現場に行き届かない**不浸透**職場、スタッフが互いを理解できていない**不理解**職場があります。

あるいは、新しい事業領域への挑戦で様子がつかめない**不案内**職場、決裁の範囲が狭く、稟議決済の多い**不自由**職場などもあるでしょう。

他にも先代社長（現会長）と二代目社長とで判断基準が違う**不一致**職場、上司が細かく指示をして、部下を信じて任せない**不信任**職場など、「職場の基礎代謝」を下げる「不」は数多くあるのです。

4 顧客に行っている「不」の解消を社内にも

「職場の基礎代謝」研修を受講した方からは、「とてもイメージしやすい」「人の代謝が職場にもあるんですね！」といったポジティブな感想が多く寄せられます。

その一方で、「職場にある〈不〉を探すのって難しそう」「部下と自分の間にある〈不〉？パッと思い浮かばないなー」といった意見も多く出てきます。

「職場の基礎代謝」という考え方は理解できても、「自分たちにできるの？」といった**不安感**や、「そんなに簡単にいかないんじゃないの？」といった**不信感**が、研修会場に漂うことがあります。いわば、研修会場の「基礎代謝が下がった」状態です。

そんなとき、必ず皆さまに伝えるのが以下の3点です。

- 多くの会社や組織は、**世の中にある〈不〉を解消すること**で、成り立っている。
- 役職者の皆さまは、きっと**顧客の〈不〉を解消するのが得意**なはず。
- お客さまの〈不〉を見つける目を、**ほんの少しだけ社内や部下に向けて**みてほしい。

そうすると、多くの方がスッキリと晴れやかな表情に変わり、「そうか！　普段、自分たちがやっていることだ！」とか「なるほど！　〈不〉を切り口にすると、問題を整理できるかもしれない！」といった声が飛び出して、さっそく「不」を探すワークに熱中する人が出てきます。

これこそが研修会場全体、そして、受講生個々人の**「基礎代謝が高まった」結果です。その持てる能力を実力として発揮した状態に変わります。**

そもそも、多くの会社や組織は、世の中に存在する何らかの「不」（非・負も含む）を解消する商品やサービスを提供することで、顧客の支持を得て売上や利益を生み出しています。

あるいは、人類の歴史から見てみると、さまざまな「不」を解消しようとすることで、日々成長し、長い時間をかけて進化を遂げてきたといっても過言ではありません。

5 職場における「不」の関係性（連動性）

さて、研修は受講生の皆さまと一緒に、職場にある「不」についての意見を出し合いながら整理し、研修自体の基礎代謝も高めつつ、さらに理解を深めていただくことができます。しかし、本書をお読みいただいている方とは、研修のように時間と空間をご一緒することが叶いません。

そこで、**職場にある「不」をまとめてみました**ので、個人でのワーク、部署や会社全体でのワーク、あるいは、部下に対する面談やフィードバックの際、**一つの切り口として、活用してみてください。**

それぞれの関係性（連動性）は、受講生の方からの意見や、人材・組織に関する書籍やレポートなどを参考にまとめてあります。業種・業界や立場・役職によって、多少違いがあると思いますので、その際は、ぜひオリジナルのものを作ってみてください。

図2-5は、職場における「不」の関係性を円すい型で表したものです。中心（頂点）

図2－5　職場における「不」の関係性（連動性）

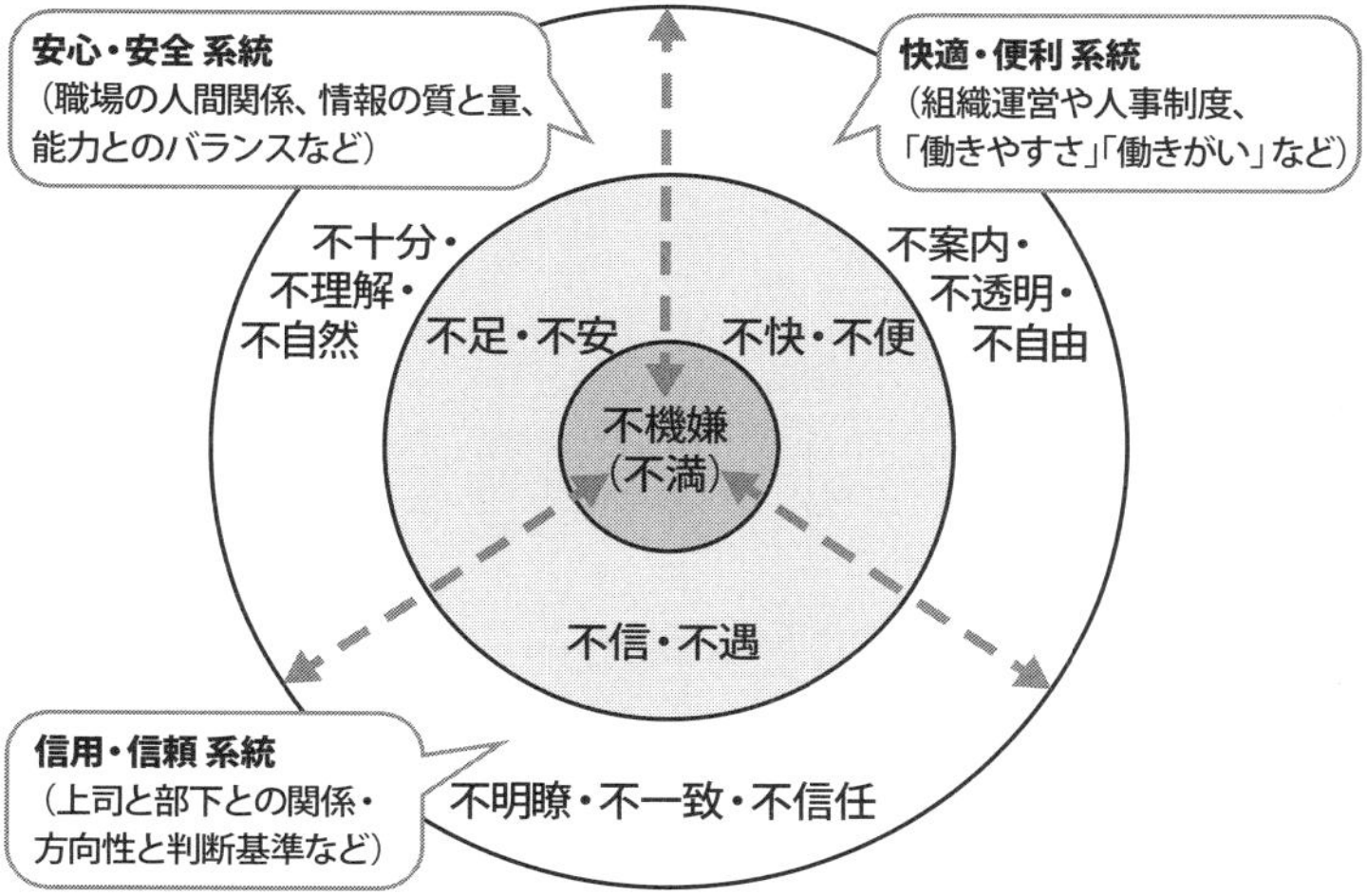

に「不機嫌（不満）」、その外側に「不信・不遇」「不足・不安」「不快・不便」があります。さらにその外側に「不明瞭・不一致・不信任」「不十分・不理解・不自然」「不案内・不透明・不自由」があります。

加えて、分かりやすいようにこれらを次の3つの系統――「**信用・信頼系統**（上司と部下との関係、方向性と判断基準など）」「**安心・安全系統**（職場の人間関係、情報の質と量、能力とのバランスなど）」「**快適・便利系統**（組織運営や人事制度、働きやすさと働きがいなど）」にケース分けをしました。

■ケースA（信用・信頼系統）：

上司から仕事を任せてもらえない（**不信任**）↓細かく口出しする上司に「**不信感**」を持つ↓能力に合った仕事をさせてもらえない「**不遇感**」が芽生える↓「基礎代謝」が低下する↓「パフォーマンス」が下がる↓「**不機嫌**（**不満**）」になる。

■ケースB（安心・安全系統）：

新たな事業に関する情報が「**不十分**」である↓仕事に対する内容理解が「**不足**」する↓「**不安**」な気持ちを抱えたまま仕事をする↓「基礎代謝」が低下する↓「パフォーマンス」が下がる↓「**不機嫌**（**不満**）」になる。

■ケースC（快適・便利系統）：

権限がなく「**不自由**」な状態にある↓少額でも上司の稟議決裁が必要で「**不便**」に思う↓上司不在で稟議決済が遅れて「**不快**」に感じる↓「基礎代謝」が低下する↓「パフォーマンス」が下がる↓「**不機嫌**（**不満**）」になる。

この関係性（連動性）に気づくことができれば、職場全体や部下との間にある「不」を探すのは、そんなに難しくありません。

人手不足の上に採用難が続き、「動いてほしいのに動いてくれない」「育ってほしいのに育たない」「続けてほしいのに続かない」といった声が多く挙がる日本の職場。

この人材や職場に関する悩ましい「問題」を、極めてシンプルな「不」の解消という切り口で細分化し、解決可能な「課題」として捉えられるようにする。これこそが、「職場の基礎代謝」という考え方の重要なポイントです。

職場に存在する「不」を一つ一つ解消することで、「不機嫌」な職場を「ご機嫌」な職場（信用・信頼×安心・安全×快適・便利な職場）に変えることができるのです。

6 「不機嫌な職場」と「組織感情」という考え方

数年前から、「ストレス社会を乗り切る」といったフレーズや「イライラしてキレる人の増加」というニュースをよく見掛けるようになりました。

それだけに、近年、**「怒りの感情と上手に付き合うための心理トレーニング」であるアンガーマネジメント**（一般社団法人日本アンガーマネジメント協会が普及促進）が注目されており、同協会への講師派遣やコンサルティングの依頼が続いています。

事実、同協会のファシリテーター資格を有している私のもとにも、月2〜4回のペースで、アンガーマネジメントに関する企業研修や執筆の依頼が寄せられています。

職場における「イライラ」や「不機嫌」について取り上げた書籍といえば、2008年に出版された『不機嫌な職場　なぜ社員同士で協力できないのか』（河合太介、高橋克徳、永田稔、渡部幹共著、講談社現代新書）が挙げられます。

それと関連して、沖縄県の人材育成推進者養成講座でも講師を務めていただいている、明治大学専門職大学院教授・野田稔氏が筆者に名を連ねている『あたたかい組織感情　ミドルと職場を元気にする方法』（野田稔・ジェイフィール〔重光直之・高橋克徳〕共著、ソフトバンククリエイティブ）では、組織にも人と同じように感情があるという新しい考え方を紹介しています。

この**組織感情**＊**の考え方は「職場の基礎代謝」を概念化する上で、大いにヒントになった**ものですので、一部ご紹介したいと思います。

＊組織感情は、㈱ジェイフィールの商標登録です。

具体的には、「組織の活性度」を縦軸、「組織に広がる快・不快の感情」を横軸とし、それぞれに「①イキイキ職場（高活性＋快感情）」「②あたたか職場（低活性＋快感情）」「③ギスギス職場（高活性＋不快感情）」「④冷え冷え職場（低活性＋不快感情）」の4つに分類します（表2－6参照）。

表２－６　組織感情と活性度の４分類

①　イキイキ職場（感情）	③　ギスギス職場（感情）
活性度は高め。快感情が共有された状態 仕事が面白く、職場が楽しい高揚感や自ら進んでやってみようという主体性があり、同じビジョンや目標を達成する連帯感や前向きな「イキイキ感情」が広がっている。	**活性度は高め。不快感情が共有された状態** 仕事への切迫感や緊張感が高く、うまくいかないイライラ感が募る。そのイライラが他者へと向かい、不信感が増大したため人間関係に影響が出て「ギスギス感情」が広がっている。
②　あたたか職場（感情）	**④　冷え冷え職場（感情）**
活性度は低め。快感情が共有された状態 互いに対する温かい気持ち、互いが弱いところを補い合うような支え合い感があり、お互いの良さを認め合い、笑顔で接し合える「あたたか感情」が広がっている。	**活性度は低め。不快感情が共有された状態** なんとなく気が重い、沈滞感が広まる。現状や将来に対する強い不安感が広まり、その後、「何をやっても変わらない」というあきらめにも似た「冷え冷え感情」が広がっている。

＊前出『あたたかい組織感情　ミドルと職場を元気にする方法』をもとに筆者改変。

同書の考えを当てはめると、「①イキイキ職場」と「②あたたか職場」は〝ご機嫌〟で〝基礎代謝が高い〟職場となります。社員がイキイキと働き、持てる能力を実力として発揮しているため、生産性も自然と高くなります。

一方、「③ギスギス職場」と「④冷え冷え職場」は、〝不機嫌〟で〝基礎代謝が低い〟職場となります。

精神的に余裕がなく、心の安定が保たれていないため、些細なことに対しても、過剰に反応してしまい、結果としてイライラが募ります。

そうなると、仕事のパフォーマンスにも影響が出るようになります。身近な例としては「急いでいるときに限って、印刷ミスをしてしまう」という状態です。

普段できていることが、イライラすると難しくなり、結果として、二度手間や手戻りが多く発生します。

さらに、役職者であれば、今後の事業に対して大きな影響を及ぼすような、重要な局面で、判断ミスをしてしまうケースも見受けられます。

7 「不」の解消が「基礎代謝」のアップにつながる

先の「沖縄県人材育成企業認証制度」において、認証を取得した企業の人材育成や組織開発における施策を洗い出しました。

さらに、当法人がサポートを行い、業務の効率化や社員の定着率アップ、業績の回復などの改善が見られ、良い結果につながった企業へのヒアリングを改めて実施しました。

これらにより、**「職場の基礎代謝」を高める方法として、以下の3つが存在する**（あるいは、段階別に3つのステップを踏んでいる）ことが分かってきました（図2－7参照）。

①社員の「不」を解消する取組みを実施する。
↓職場のマイナス状態を正常な状態に戻す。

例沖縄ヤクルト株式会社における毎月1回の全体夕礼（オフサイトミーティング）など（第4章④①参照）。

②社員の「不」が連鎖し、新たな「不」が発生するのを予防する。

図2－7 「職場の基礎代謝」における３ステップ

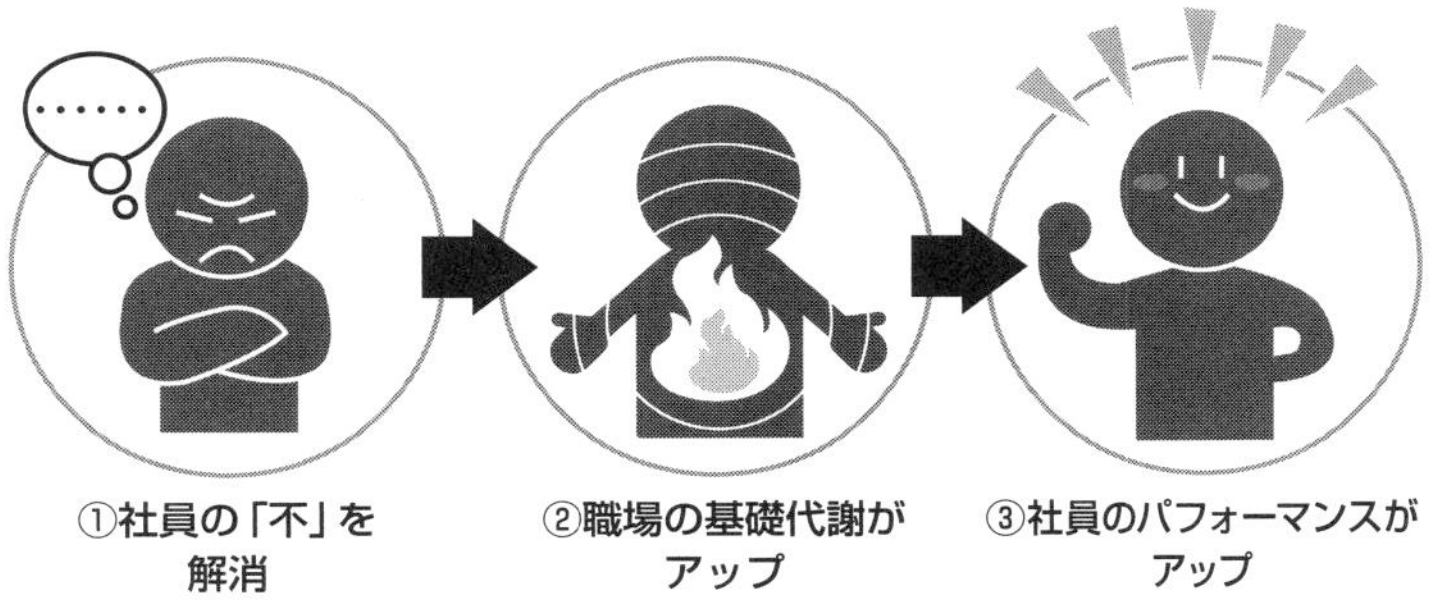
……
①社員の「不」を解消
②職場の基礎代謝がアップ
③社員のパフォーマンスがアップ

↓職場のマイナス状態を拡大させない。

例ANA沖縄空港株式会社における台風後の若手社員への面談など（第4章⑦の事例参照）。

③社員の「内的動機」（≒やる気スイッチ）に働きかけて、パフォーマンスをアップさせる。

↓個人のモチベーションに働きかけ、プラス状態にする。

例沖縄ワタベウェディング株式会社における全社キックオフ（部門別コンテストと社員表彰）など（第5章コラム参照）。

つまり、職場に存在するさまざまな「不」を見つけ出して解消し、「職場の基礎代謝」を高めつつ、社員の「内的動機」（≒やる気スイッチ）を押して、さらなるパフォーマンスアップを図ることが、重要なポイントです。

第2章 コラム

沖縄県民は、1塁までタクシーで行く？

この「職場の基礎代謝」の考え方が生まれたきっかけは、私の体重が増え過ぎたためでした。

体重が増えると身体が重たく感じ、動くことが億劫になります。さらに、運動不足になると体力が低下し、疲れやすくなるため、動かなくなるという悪循環に陥ります。

私が住む沖縄県では、生活習慣病の方が多く、県民の健康状態が大きな社会問題となっています。その問題を少しでも改善しようと、官公庁を中心に、民間企業も参加して、さまざまな健康プロジェクトが発足しています。

その中でも、特に話題となり、注目を集めたテレビＣＭがあります。それは、琉球放送が２０１４年４月からスタートした「ＲＢＣおきなわ健康長寿プロジェクト」

の一環で行われた**「みんなで歩こう」キャンペーン**です。

CMは、草野球のワンシーンからスタートします。フォアボールとなったバッターが、1塁へ歩くかと思いきや、左手を高らかに挙げます。そこへ、タクシーが入ってきてバッターが乗り込み1塁へ。

そして、**「歩かない沖縄県民。肥満率は日本一」**というテロップが出た後、タクシーから降り、堂々と1塁にたどり着くというストーリーです。

啓蒙活動も含めたテレビCMですので、少しオーバーなところもあるでしょうが、沖縄県にお住まいの方は、当らずとも遠からずという感覚だと思います。

CMについては、この「フォアボール篇」の他に、「昔は歩いた篇」など全部で12篇あります。ご興味のある方は、「RBCおきなわ健康長寿プロジェクト」で検索してみてください。

第3章

「不機嫌」を解消する第一歩は
アンガーマネジメント

1 「不機嫌」の解消は、職場と個人の共通課題

「職場の基礎代謝」を改善する第一歩となるのが、「不機嫌」の解消です。そのためには、「能力×不機嫌＝実力低下」を解消し、「能力×ご機嫌＝実力アップ」に改善しなくてはなりません。これは最適かつ難敵、そして、職場全体かつ個々人的でもあります。

日々、実感していると思いますが、複数の業務をこなし、さまざまな人が関わる職場においては、数多くの「不」が発生しています。

その「不」が、**コップに満ち、限界を超えて溢れ出すと「怒り」（不機嫌・イライラ）に変わります**。これが**「アンガーマネジメント」**の基本的な考え方です。

新規事業に関する情報が「不十分」↓仕事に対する内容理解が「不足」↓「不安」な気持ちでの仕事↓さまざまな「不」が満ちて溢れ出す↓「不機嫌（不満）」になる。

このメカニズムでいくと、「不機嫌な職場」には、さまざまな「不」が隠れていると考えることができます。だからこそ「不機嫌」の解消は、すそ野が広いがゆえに難しく、か

つ、職場全体で取り組むべき課題であるといえます。

いわば、国家的課題といえる「働き方改革」の本質とは、職場に隠れている「不」を洗い出し、その「不」を一つ一つ丁寧に解消していくことで、「職場の基礎代謝」を高めて、最終的に組織全体のパフォーマンス（労働生産性）を上げることだともいえます。

このことは、『御社の働き方改革、ここが間違ってます！ 残業削減で伸びるすごい会社』（白河桃子著、PHP新書）の実例の一つ、「働き方改革で『不機嫌な職場』がなくなる」でも触れられています。

また、『はじめての課長の教科書』（ディスカヴァー・トゥエンティワン）などの著書を多く出し、現在は株式会社 steekstok 代表取締役社長CEOとして福祉に関するさまざまな問題に取り組んでいる酒井穣氏が、先見の明を持って、2011年8月に出版した『ご機嫌な職場 「職場コミュニティー」再構築の方法』（東洋経済新報社）でこう述べています。

『明るい職場の意義は「どうせ仕事をするなら」というような小さなレベルではなく、**経営にとって最重要の課題**になりつつあるからです。**絶対に明るい職場をつくる必要がある**のです』

2 「怒り」への理解が、アンガーマネジメントの第一歩

ここ数年、日本でもよく耳にするようになったアンガーマネジメントは、先の観点から、職場全体にとっても、そして、働く個々人（特に管理職）にとっても有効です。

私もファシリテーターとして、研修冒頭に、必ずお伝えするのが、**アンガーマネジメントとは、「怒らなくなる」ということではなく、自分たちの身近にある「怒り」を正しく知り、上手にコントロールすること**で、仕事や人生をより良くしていこうとする心理トレーニングの一つであるということです。

毎日の仕事や生活の中で、誰しも「怒り」に遭遇し、その「怒り」に悩まされることが多いのも事実です。

例えば、「部下を必要以上に叱ってしまい、明日、出社するのか心配になった」や「子どもに厳しく言い過ぎて、自己嫌悪に陥った」あるいは「怒りを我慢し過ぎて、自分の気

表3－2　怒ることのメリット・デメリット

デメリット	メリット
人間関係が悪化する。	当の本人はスッキリする。
職場や家庭の雰囲気が悪くなる。	道に飛び出すなどの行動を子どもがとったときに、危険ということが伝わる。
自己嫌悪に陥る。自信をなくす。	
疲れる。血圧が上がる。健康に影響を及ぼす。	部下との間に、仕事に対する思いや姿勢にギャップがあった際、伝えることができる。
仕事のパフォーマンスが下がる。	
判断を間違える。　etc…	エネルギーになる。　etc…

＊出典：一般社団法人日本アンガーマネジメント協会

持ちを伝えられず、辛い思いをした」といったことです。

アンガーマネジメント研修の冒頭に行う、「怒ること・イライラすること・怒り」についてのメリットとデメリットについて考えるグループワークでは、表3－2のような意見が出てきます。

ここで分かることは、「怒り」には、メリットもデメリットもありますが、**多くの方がうまくマネジメントできていないため、デメリットが強く出過ぎているということです。**

3 「怒り」の性質を知る
——「身近な人」「上から下へ」「伝染しやすい」

「怒り」の性質（特徴）を知ることで、役職者の方は、アンガーマネジネントを「会社全体で取り組むべきこと」と「自分自身で取り組むべきこと」に分けることができ、その重要性についても認識できるようになります。

〈怒りの性質（特徴）〉

①身近な対象ほど怒りが強くなる
　家族・同僚・友人など、身近な対象ほど強くなる。

②高い所から低い所へ流れる（上から下へ）
　部長↓課長↓係長↓社員など、職位の高い所から低い所へ怒りが流れる。

③伝染しやすい
　家庭や職場などにイライラしている人がいると、怒りが伝染しやすい。

④エネルギーになる
ライバルや社会に対する怒りがプラスのエネルギーになり、成長や新しいサービスにつながる。

会社としては、怒りの「プラス」な性質を活用することで、社員の成長や新しい商品・サービスの活用に役立て、「マイナス」な性質を認識することで、会社全体として「アンガーマネジメント」に取り組むことに、価値を見出すことができます。

さらに、役職者については、「高い所から低い所へ（上から下へ）」「伝染しやすい」にあるように、自身が「怒り」の発生原因（怒りの連鎖を引き起こす原因）とならないように、注意する必要があります。

実は、この「アンガーマネジメント」ですが、**数ある研修の中でも、その研修効果が高いのが特長です**。仮に、研修を受けて、知識が増えたとしても、実践する場面が少ないと「習得」にはいたりません。

その点、「怒り」は「いつでも・どこでも・誰とでも」発生する可能性があるため、研修での学びを、会社だけでなく私生活でもすぐに「実践」できるという利点があります。

4 問題となる4つの怒り
——「強度」「持続性」「頻度」「攻撃性」

実は、私自身もアンガーマネジメントを勉強するまでは、「怒り」＝「悪」という理解をしていましたし、イライラする自分に対して、度々、自己嫌悪に陥ることもありました。

しかし今では、「喜怒哀楽」という言葉のとおり、**「怒り」は「喜び」「哀しみ」「楽しみ」と同じく、人間にとって自然な感情の一つ**として捉えることができます。

加えて、自然や進化の原理（不要な機能はなくなっていく）に照らしてみると、人類の長い歴史の中で、「怒り」が今もってなくなる気配がないのは、必要な機能だからだと考えることができます。

とはいえ、社会性の高い生活を営む私たちにおいては、以下に挙げられるような4つの怒りは、問題となるケースが多く、個々人が、しっかりとアンガーマネジメントをしていく必要があります。

表3－4　問題となる４つの怒り

①	強度が高い	怒り出すと止まらない。怒鳴るなど強く怒り過ぎる。 ⇨オフィスで大きな声で怒り、職場全体のモチベーションを下げる。
②	持続性がある	いつまでも根に持つ。過去を蒸し返して怒る。 ⇨「前から言おうと思っていたけど……」と以前のことを蒸し返してくる。
③	頻度が高い	些細なことでイライラしたり、カッとなる。 ⇨渋滞で道を譲ってあげたのに、ハザードで合図しないことに怒る。
④	攻撃性がある	他人や自分を傷つけたり、物に当たったりする。 ⇨イライラすると扉を激しく閉める、キーボードを強く叩くようになる。

＊出典：一般社団法人日本アンガーマネジメント協会

例えば、「③頻度が高い」を考えてみます。私の知り合いで、**満員電車にリュックを背負った人**（自分から遠く離れていても）**を見るだけで、イライラしてしまう方がいます。**私も東京にいた頃は、満員電車に乗って出社をしていましたので、気持ちは理解できます。

しかし、自身に直接的な影響はないことを考えると、目くじらを立てる必要はないようにも思います。

なお、**その方は、毎朝、「出勤するだけで疲れてしまう」そうで、パフォーマンスに影響があるのは否めません。**

5 「不」のもとになる第一次感情を探す
——怒りは第二次感情

ところで、私たちの怒りはどこから生まれるのでしょうか。

私自身も経験があるのですが、ほとんど同じ状況であっても、イライラするときもあれば、そうでないときもあります。

このことは、多くの方が目からうろこのメカニズムである、**怒りは「第二次感情」であるいうこと**に起因します。

つまり、第二次感情である怒りの手前に、不安や疲れ、寂しさといった「不」の第一次感情が存在し、それこそが「怒り」の本質的な原因であるのです。

図3－5のように自身の「心のコップ」に、日々の仕事や生活の中で発生する「不」の第一次感情が少しずつたまっていき、ある瞬間、**怒りとなって溢れ出す**とイメージすると分かりやすいと思います。

図3－5 「不」の第一次感情を探す

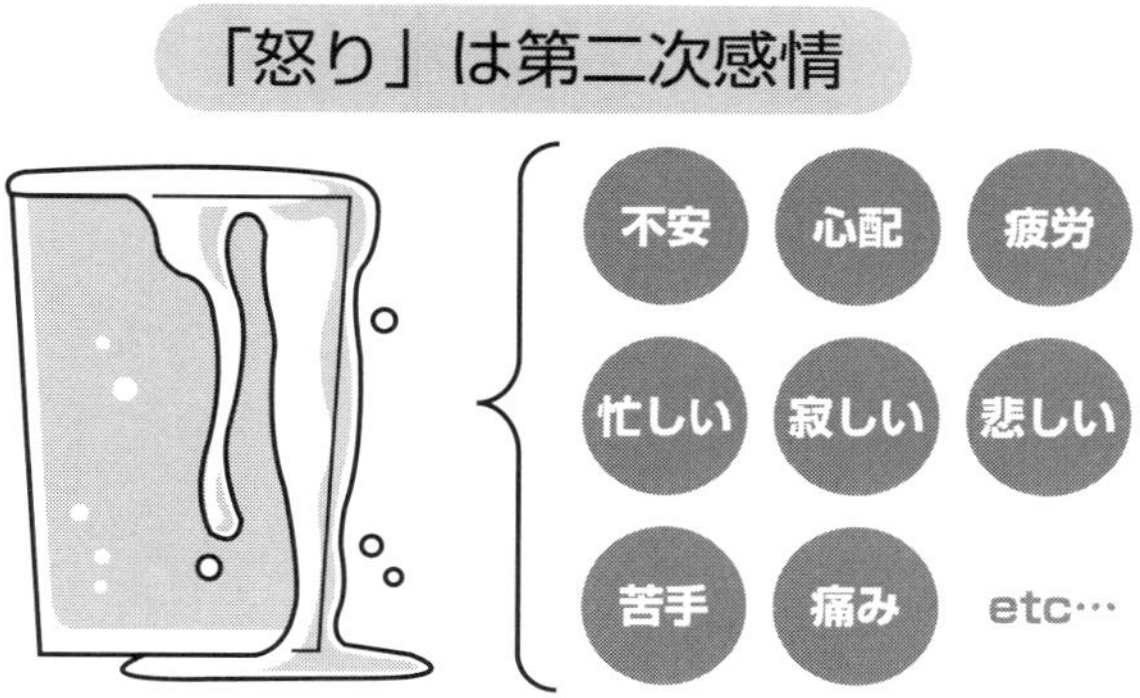

不機嫌（イライラ）な職場は、末期症状の一歩手前。
「イライラ」の手前にある「不」の感情を探し出すことが大切。
＊出典：一般社団法人日本アンガーマネジメント協会

忙しいとき、疲れがたまったとき、あるいは不安が多いときに、イライラしやすいのはこのためです。この**怒りのメカニズム**を知っていれば、自身や他人あるいは、家庭や職場の「不」の第一次感情に目を向けて、怒りの原因を探れるようになります。

「なんか最近、イライラする」と感じたら、手前の「不」の第一次感情を探します。**新規プロジェクトを任されて、もしかしたら、「不安」になっているのかもしれないな**と自分に向き合ってみるのも良いでしょう。

なお、「不」の第一次感情は、一つだけとは限りません。複数の「不」の感情が少しずつたまって溢れ出し、「怒り」となることもあります。

その事例として、沖縄県の西海岸リゾートに位置するホテルから、アンガーマネジメントというより、お客さまの「怒り」に関する相談を受けたケースをお伝えします。

相談の内容は、ここ数年、**チェックインの際、急にお怒りになるお客さまが増えてきた、**とのことでした。

詳しく話を聞くと、スタッフの何気ない一言に反応して、ご気分を害されているようでした。気になったので、他の複数のホテルでもヒアリングをしてみると、同じようなことが増えていました。

お怒りになったお客さまに、直接ヒアリングをしたわけではないので、断定はできませんが、さまざまな状況から、アンガーマネジメントの視点で分析をすると、こういったケースが多いようです。

1：夏の沖縄（ピーク時期）に家族旅行。

2：比較的しっかりとスケジュールを計画して飛行機に乗る。

3：ピーク時期の影響もあり、飛行機の到着が予定より遅れた（少し疲れた）。

4：空港到着後、猛烈な暑さの中でレンタカー会社のバスを待つ（暑過ぎて不快）。
5：レンタカー会社もピーク時期で、借りるのに時間がかかった（時間がもったいない）。
6：当初予定より数時間も遅れて、お目当ての沖縄そば屋へ到着（計画がズレる）。
7：予定していた限定メニューは完売しており、食べられず（落胆する気持ち）。
8：さまざまな「不」の感情がたまり、溢れる一歩手前でホテルへ到着（心のコップに「不」がいっぱい）。

このケースでは、「フライトの疲れ」「待つ間の蒸し暑さ」「大幅な時間の遅れ」「計画がズレた」「目的が達成できなかった」などのさまざまな状況が重なり、心のコップに、多数の「不」の感情がたまっていき、**今にも溢れんばかりの状態で、ホテルのフロントにたどり着いた、**という状況になります。

こういうときには、お客さまの「不」に対して理解を示す（コップから溢れる前に、こぼしてあげる）一つの手立てとして、「フライトは遅れませんでしたか？」や「レンタカーを借りる際、お時間かかりませんでしたか？」と先んじて（ケースバイケースですが）お声掛けすることもお薦めしています。

6 怒りの正体は、「理想」と「現実」のギャップ

「怒り」（不機嫌・イライラ）の原因について考えてみたいと思います。

ここに、普段から、時間にルーズな同僚の「Aさん」がいたとします。遅刻するたびに、反省し、注意するのですが、効果が薄いようです。

今朝は、月1回の全体朝礼がある大切な日にもかかわらず、残念ながらAさんは、今日も遅刻をしてしまいました。

そのとき、あなたは「Aさん自身」に対してイライラするのでしょうか？

それとも「Aさんが遅刻したという出来事」に対してイライラするのでしょうか？

あるいは「いつも時間にルーズなAさんの姿勢」に対してイライラするのでしょうか？

多くの方は、特定の誰か・出来事・何かなど、**私たちの外側にあるものに対して、怒りを覚えていると感じているのですが、実はそうではないのです。**

私たち自身が持つ理想や願望、欲求に対して、現実がそうならなかったとき、人は怒り

図3－6　怒りの正体（怒る理由）は、「理想」と「現実」のギャップ

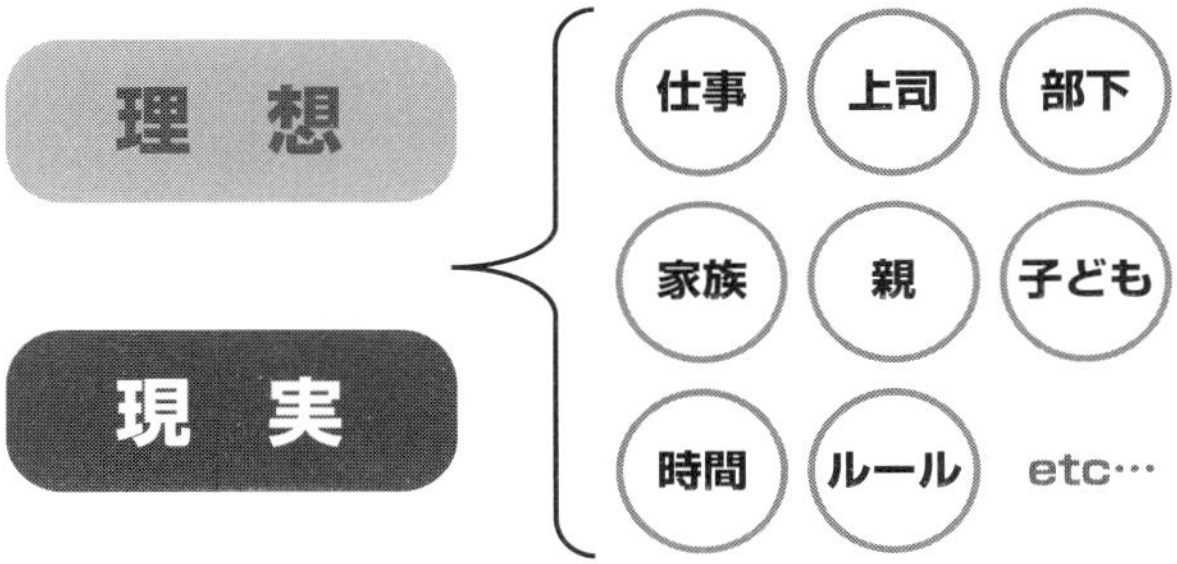

理想（～べき、～はず）が裏切られたとき、「怒り」に変わる。

＊出典：一般社団法人日本アンガーマネジメント協会

を覚えるのです。それは「べき」や「はず」といった言葉として感情表現されます（図3－6参照）。

つまり、「部下は上司にきちんと報告するべき」という上司は、部下から報告がない場合に、理想と現実にギャップが生じ、イライラしてしまいます。

一方、「部下から報告がないけど忙しいのかな？　なら、自分が聞きにいこう」と考える上司はムダにイライラしないものです。

自分に厳しく、懸命に努力をし、仕事で成果を挙げて管理職となった方は、「べき」や「はず」が強過ぎる傾向があります。自戒の念をこめて、心にゆとりが必要です。

7 「べき」よりも「せめて」を使う

先述のように、職場や取引先との関係において、お互いに確固たる意見や自信をもっている、つまり「べき」が強過ぎるもの同士の場合は、互いの「べき」と「べき」が、ぶつかり合って、ますます「不機嫌」につながることがあります。

また、上司が部下に対して、一方的に「べき」を押し付けると、「私の意見を聞いてくれない」や「私のことを評価してくれない」といった、「不信感」や「不遇感」を生み出す原因になりかねません。

そこで、皆さまに**お薦めしたいのが、「せめて」という考え方です**。私もこの「せめて」を使うようにしてから、気持ちが少し柔らかくなったような気がしています。

ここでは、具体的な「せめて」の活用方法について、よくある仕事を例にお伝えします。

例えば、上司のA課長が、部下のBさんに仕事（提案書の基礎資料作成）をお願いしたとします。ところが、Bさんから提出された資料は、情報量が少なく、体裁も整っていません。加えて、時間もかかり過ぎのようです。

その際に、上司のA課長が、一方的に「べき」を押し付けた場合と、上手に「せめて」を活用した場合に分けて、考えてみます。

■「べき」「はず」を押し付けた場合

Bさん：A課長！　ご依頼の資料、完成しました。
A課長：（A課長、資料を一読後……）Bさん！　提案書の基礎資料なんだから、多角的な視点での情報があってしかる**べき**じゃない？　あと、次の作業を考えて、段落などの体裁も整える**べき**だし……。
Bさん：す、すいません。やり直して、提出します！
A課長：もうちょっと、ちゃんとしてくれないと困るよ！
Bさん：分かりました……。再提出ですが、明日の午後でよいでしょうか？
A課長：いやいや、今日中にできるでしょう！　**普通**、これぐらいは……。
Bさん：了解しました……。なんとかやってみます。（心の声：A課長……いつもイライラしてるし、一方的なんだよなー）

表3－7　発信する側の「考え」よりも「気持ち」を伝える

YOUメッセージ	発信する側の「考え方」を伝えている。 例 あなたは素晴らしい。あなたのためを思って……。
Iメッセージ	発信する側の「気持ち」を伝えている。 例 私はとても嬉しい。あなたの仕事で、私は助かっている。

自分の理想である「べき」や「はず」の押し付けは、アンガーマネジメントの講師をしている私自身も、時々やってしまって、「まだまだ修行が足りないなー」と感じることが多いものです。

その他、子育ての場面でよく耳にする「ちゃんと勉強しなさい！　あなたのためを思って、言ってあげているのよ！」といったことも、親の理想（大学に進学して、良い企業に入ってほしいなど）を子どもに押し付けていることになります。

それに加えて、「あなたのため……」という「YOUメッセージ」（発信する側の考え方）で伝えているため、当の本人が、納得しにくいというのもポイントです。

「YOUメッセージ」ではなく、「Iメッセージ」をうまく取り入れていきましょう（表3－7参照）。

■「せめて」＋「Ｉメッセージ」を活用できた場合

Bさん：A課長！　ご依頼の資料、完成しました。

A課長：（A課長、資料を一読後……）Bさん！　資料作成ありがとう。確認したところ、データの中身が消費者側からだけなので、もっと多角的に捉えられるように、生産者側のデータもあると**嬉しいな**。

Bさん：生産者側のデータですね。他にも足りないところはありますか？

A課長：そうだなー。この資料、最後の仕上げデザインをCさんにお願いするので、もう少し体裁が整っていると、**Cさんも助かる**んじゃないかな。

Bさん：なるほど、Cさんが仕上げるんですね！　明日の午後でも大丈夫ですか？

A課長：僕もプレゼンの練習をしたいから、**せめて**、今日中に前半部分だけでも、仕上がると**ありがたい**んだけど……。

Bさん：課長も練習が必要なんですね。今日中で、全部出せるように頑張ってみます！

（心の声：A課長もプレゼン練習するのか！　よし、早く仕上げよう！）

第3章
コラム

6月6日はアンガーマネジメントの日

カッとして、厳しいことを言ったり、物に当たってしまったりという出来事は誰もが経験していることと思います。実はこれ、怒りに対して「反射的に対応」をした結果なのです。

諸説あるのですが、**怒りのピーク（感情ホルモンが強く出る）は、長くても「6秒」といわれており、**その後、少しずつ下がってきます。

しかし、この6秒の間に「反射的に対応」をすると、強い口調になったり、判断を間違えることもあります。

時が経ち、冷静になればうまくできたことが、怒りのピークで反応してしまうと、望ましい結果につながらないことも多いものです。

そこから、6月6日は、「6（ム）っとしたら6秒待つ」ということで、アンガーマネジメントの日（一般社団法人日本記念日協会）として、認定されています。

実際に「6秒待つ」以外にも、次のような「怒りのピーク」をやり過ごす方法がありますので、一度、試してみてください。

- 100から7ずつ引いて数を数えてみる。
  ⇩100－93－86－79……と数えている間に「怒り」のピークが過ぎる。
- 自分が最高に楽しかったシーンを思い浮かべる。
  ⇩過去の楽しいイメージを思い出すことで、気持ちを「怒り」から逸らせる。
- 背筋を伸ばす。笑顔を作る。手首をブラブラさせる。
  ⇩イキイキした自分、嬉しい自分、リラックスした自分をイメージする。
- アンガーログ（怒りの点数と出来事）を付ける。
  ⇩怒りに点数を付けることで、自分を客観視する。後日、それを見直すことで怒りの傾向をつかむことができる。

第4章

「不」のタイプ別
今日からできる27の解消法

Part 1

「不信・不遇」を解消し、「信用・信頼」な職場へ——不明瞭・不一致・不信任を解消する

第4章では、「不機嫌」の一歩手前である「不信・不遇」「不足・不安」「不快・不便」の解消についてお話ししていきます。

まず**「不信・不遇」**は、**上司と部下との関係で発生しやすく、「不明瞭」「不一致」「不信任」**といった**コミュニケーションの問題とも相関が深いもの**です。

具体的には、「上司からの不明瞭な指示」「上司と部下の目線の不一致」「部下を信じず、仕事を任せない（不信任な）上司」などが挙げられるでしょう。

最近は、日本全国で「職場の基礎代謝」についてお話しする機会に恵まれており、その際、必ず「上司と部下との良いコミュニケーションとは？」という質問をしています。

多くの皆さまが、「最近はコミュニケーション不足で……」や「月1のペースで面談をしているので、コミュニケーションはとれています」と回答しますが、そもそも「コミュ

ニケーション」の定義が明確でないことが多いように感じます。

沖縄県だけでも300社以上を訪問した経験から言うと、「スタッフ同士の仲が良く、職場の雰囲気が良い」のに「業績が芳しくない」という会社が少なくありません。

一般的には「コミュニケーションが良い」と評価されるのに、なぜ業績が芳しくないのでしょうか。これでは、辻褄が合わなくなってしまいます。

そこで、さまざまな人材育成や組織開発の書籍・理論などを整理し、総合的に捉え直してみると、上司と部下との良いコミュニケーションとは、**「自分の意志**（希望）**を部下に伝え、それに対して部下が納得した上**（人間関係が良好なままで）**で、望ましい状態に向けての行動が起こされ、その結果が出ること」**となります。

しかし、不明瞭・不一致・不信任といった「不」が増加した組織、つまり「職場の基礎代謝」が下がった組織では、コミュニケーションが機能不全となります。

結果として「手戻りが発生し、二度手間・三度手間になる」や「社員の反応が鈍く、手付かずの案件が増える」などが起こり、パフォーマンスに影響を及ぼしてしまうのです。

1 「能力×不明瞭＝実力低下」を解消する

①「急ぎ」「きちんと」「しっかり」の曖昧表現をやめる

実は、私自身もよく使ってしまうのですが、「急ぎ」「きちんと」「しっかり」は、「不明瞭」な指示の代表格といえるでしょう。**なぜ「不明瞭」かといえば、その基準は、人によって異なるからです。**具体的にはこんなシーンがあります。

――9時15分

上司A：Bさん！　この書類、**「急ぎ」**で作成してくれるかな？

部下B：「急ぎ」ですね。了解しました。

――10時15分

上司A：Bさん！　さっきの書類まだ？

部下B：えっ？　まだ、手を付けていませんが……。

上司A：なんで、まだやってないの？　**急ぎ**っていったでしょう？
部下B：す、すいません。てっきり午前中いっぱいでいいのかと……。
上司A：**「急ぎ」**っていったら、普通は1時間ぐらいじゃない？
部下B：はい……。（心の声：それなら最初から「10時まで」と指示すればいいのに……）

実はこれ、恥ずかしながら私自身の話です。今でも気を付けないと、時々やってしまうことがあります。私の「不明瞭」な指示によって、Bさんに「不信感」を抱かせてしまった。別の言い方をすれば、**一つの「不」から新たな「不」が生まれ、連鎖したわけです。**

この「急ぎ」「きちんと」「しっかり」の3つの表現を使わないように意識するだけで、多くの「不」が解消され、「職場の基礎代謝」がアップしていきます。

●急ぎ　⇩「次の会議で使うので、10時までに作成お願いします」
●きちんと　⇩「前回の営業先では提案資料に漏れがあったから、AとBとCの3点を揃えてください」
●しっかり　⇩「受付名簿に間違いがないようにお願いします。例えば、一郎と一朗、太田と太田などです」

②伝えるべきは「北極星」「フェアウェイ」「礎《いしずえ》」

職場のリーダーの大きな役割としては、「経営側の意向を咀嚼《そしゃく》して、メンバーに分かりやすく伝え、最適に行動してもらうこと」があります。これは、前出の良いコミュニケーションの定義とも似ています。

ところが、会社には、理念・使命、ビジョン・ミッション・バリュー、社是・社訓・行動規範など似たような言葉が多くあり、実に悩ましくて伝わりづらいのも事実です。

その際には、**イメージしやすいように、日常的に使っている言葉に置き換えることが有効です**。例えば、「北極星」「フェアウェイ」「礎《いしずえ》」といったキーワードを意識して伝えることで、納得感（腹落ち感）をアップさせることができます。

●**北極星**：北極星のように方向性を指し示す言葉。いつでも・どこからでも見える北極星のように、社員一人一人の位置から目指すものが見えている。

●**フェアウェイ**：ゴルフのフェアウェイのような判断基準の一つとなる言葉。この範囲はOKで、これを越えたらNGというように、境界線・優先順位が見えている。

●**礎**：城の土台となる礎のような言葉。大切にしている価値や会社の歴史、サービススタンダードのように、お客さまへの約束が見えている。

沖縄人財クラスタ研究会が掲げる理念**「住んでよし 訪れてよしの島 おきなわ」**の実現は北極星のようなものです。どこにいても、空を見上げれば、自分の位置がつかめます。その一方で、北極星は確かに見えても、時間をかけてもたどり着けないかもしれません。沖縄に住んでいる全ての方が幸せになることを目指すのは果敢なことです。

沖縄は観光産業が盛んですが、「観光」とは「光を観る」ということです。ここでいう「光」とは、そこに住まう人々が「輝いている」状態を指します。

事業の優先順位など判断に迷ったときは、「住んでよし」が先です。つまり、「沖縄県民がハッピーになるか」を優先とします。これは、ゴルフでいう「フェアウェイ」です。もちろん、OBゾーンの前に「ラフ」があり、そこは許容範囲ともいえます。

その上で、私たちが大切にしていること、お客さまに約束することは、「行動変容のサポート」です。これはお城の土台となる「礎」のようなもので、揺らぐことはありません。

③ 優秀な審判は早目に「イエローカード」を提示する

慶應義塾大学大学院・高橋先生の講義では、人材育成や組織開発の内容を、「野球」と「サッカー」との対比、「ワインの特徴」と「舌の構造」によるグラスの選択といった日常的な話に当てはめて表現されることが多く、とても腹落ち感があります。

その中でも「人事考課の目的と効果」の際に出てきた「サッカーの審判」の話は、多くの受講生が腹落ちした表現ですので、本書でご紹介します。

人事考課の本来の目的は「社員のやる気を高める」ことにあるのですが、その評価をめぐって、**上司と部下との間に「不」が発生**し、かえって、**「やる気」を下げてしまう**ケースが少なくありません。それが、給与制度と連動しているとなおさらです。

一般的には、期首に上司と部下とで目標を設定し、6カ月後に本人が自己評価します。その後、上司がフィードバック（擦り合わせも含む）を行い、最終評価という流れです。

この際、上司と部下で「不」が発生しやすいのは、「部下の自己評価より**上司の部下評価が低い**」ケースです。さらに、多忙などを理由に、最終評価の結果および理由を部下に伝えていないと、さらに「不信感」「不遇感」が高まってしまいます。

このことを高橋先生は「後半40分に、一発レッドカード」と表現します。6カ月間、何の前触れもなく、いきなりの「C評価」では、「不信感」「不遇感」→「不機嫌」→「パフォーマンス低下」となるのも当然のことといえます。

パフォーマンスの観点からいえば、その逆の「部下の自己評価より**上司の部下評価が高い**」場合も同じです。上司が部下に対して良い評価をしているのに、その事実を、半年に1回しか伝えないのは、実にもったいないことです。

そこで、「後半40分に、一発レッドカード」ではなく、「前半10分に、警告のイエローカード」を示す。つまり、今回の判断基準を、試合の早い段階で、明確に伝えるのが「優秀なサッカーの審判」というわけです。

「不明瞭」の解消という視点では、半年に1回の30分のフィードバックよりも、毎月5分を6カ月（5分×6カ月＝合計30分）を行って、部下の行動が良ければ「承認」「強化」をし、そうでなければ「改善」「変化」を促します。**人事考課（上司と部下の関係含む）における「不明瞭」の解消は、まさに「制度よりも頻度」が大切です。**

「マネージャー・ゲーム」で、部下の「不」を実感する

「職場の基礎代謝」での社員の「不」を解消するということに対し、少なからず違和感を覚える方がいるのも事実です。

その中でも、傾向としては、バブル崩壊後の就職氷河期世代の方（私も含む）が多いように感じます。不景気を乗り越えてきた経験から、「不安な点は、自身の努力で解消」など「自らの力で切り拓く」という信条を持っているともいえます。

しかし、**時代が変われば営業スタイルが変わるように、育成スタイルが変わっていくのも自然な流れ**です。

そのような、自己解決スタイルやKKD（勘・経験・度胸）重視スタイルの方を含め、管理職の方に体験していただきたいのが「マネージャー・ゲーム」です。

前出のゼロイン・並河副社長に教えていただいたもので、「沖縄県人材育成推進者養成講座」でも取り入れられています。私自身も体験して「目からうろこ」というか、「初心に帰る」機会を得ました。ある体験者から以下の感想をもらいましたが、これ

は代表的な意見でもあります。

『ゲームでは、スタッフの役割を担いました。ゲーム序盤は、忙しそうな上司役からの的確な情報や指示がないため、何もすることがありませんでした。次第に、手持ち無沙汰を通り越して、**「私は必要なんだろうか?」と不安になりました**。

このゲームでは、それぞれの立場を理解することができるため、お互いを思いやる心が生まれるのではないかと思います。ぜひ弊社でも取り入れたいです』（課長職）

このゲームは、『職場の人間関係づくりトレーニング』（星野欣生著、金子書房）の103~112ページに掲載されていますので、ぜひ職場での実践をお薦めします。

なお、著者である星野さんの解説の一文は、とても心に響くものです。

『上の人は、目標は部下も分かっていると思って行動しているのですが、部下は目標が全然分かっていないというようなことです。明らかに勤労意欲（モラール）が低下しています。そして、**上司は、自分はこんなに忙しくしているのに、部下は遊んでいると、不満を抱いているのではないでしょうか**。部下が、目標を共有化していないことに、気づいていないのです』

2 「能力×不一致＝実力低下」を解消する

①「パソコン」から目を離して、部下の「目」を見る

職場における「不一致」といえば、「意見や価値観の不一致」「仕事の進め方の不一致」などがあり、放置すると「職場の基礎代謝」を下げる原因になります。

実は、それよりも重要にもかかわらず、意外に見過ごされてしまうのが、**上司と部下との「目線」の不一致**です。

沖縄県と慶應義塾大学ＳＦＣ研究所と海邦総研が行った「２０１１年度 県内企業における雇用環境実態調査報告書」に注目すべき報告があります。

それは、事業所側と従業者側の双方に対して、コミュニケーションなどに関して調査を行ったところ、「経営者や管理職が、従業者に対して積極的に働きかけているつもりにもかかわらず、従業者はそれほど実感していない。つまり、ギャップが存在している」とし

表4－2　上司と部下との認識ギャップ

質問内容	事業所平均点	従業者平均点	点数差
経営者や管理者は、社員に対して、必要なときにはアドバイスをしたり、相談にのっている（のってくれる）。	3.3	2.9	0.4
経営者や管理者は、社員の意見に対して、明確に回答するなど、積極的に対応している（対応してくれる）。	3.3	2.7	0.6
経営者や管理者は、一人一人の社員の人間性を尊重している（尊重される雰囲気がある）。	3.3	2.7	0.6

＊「2011年度県内企業における雇用環境実態調査報告書」より筆者作成。
（4点満点で換算）

ているとした点です（表4－2参照）。

　これらについて、従業者にヒアリングをしてみると、次のような上司の無意識な行動・態度の積み重ねが、部下に「不」を発生させているようです。

　それは、「部下からの質問に対して、パソコンを見ながら返答する」「提示された資料を一瞥しただけで、机の横に置いた」などで、いずれも「目線」の不一致です。

　部下からの質問に対しては、**部下と目線を合わせる**。会議では、**配られた資料やホワイトボードに目線を合わせる**。単純なことですが、意外に重要なことです。

② 学習スタイルの「目」「耳」「言語」「身体」を一致させる

複数の社員に同時に指示を出していると、Aさんはハッキリと理解している一方で、Bさんは半分ぐらいしか理解していないという場面はないでしょうか。

AさんとBさんの業務知識や経験は同じぐらいだとすると、同じ方法で伝達しているにもかかわらず、その理解に差が生じるのには、何か他に理由がありそうです。

その理由の一つとして考えられるのは、NLP（神経言語プログラミング）などでいわれている「認知特性」や「学習スタイル」の違いです。

もう少し分かりやすくいえば、**人それぞれに「情報を理解・整理・表現する際の利き手がある」**と捉えるとよいでしょう。具体的には以下[*1]が挙げられます。

＊1「4つの学習スタイルの特徴と効果的なアプローチ方法」（平野圭子著）をもとに筆者改変。
https://allabout.co.jp/gm/gc/313301/3/

- **聴覚優位**：音で物事を捉えるのが得意で、相手のちょっとした声の変化やイントネーションなどにも敏感。
- **視覚優位**：目から入る情報で物事を認識する。物事を絵や図で理解するのが得意で、全体像を大切にする。

●**言語感覚優位**：誰かと話し合うことや自分なりに論理づけることで理解を深める。論理性を重視した話し方をし、長く複雑な文章も使いこなせる。

●**触覚優位**[*2]：ロールプレイなどの体験を通じた情報のインプットが得意。機械操作など、説明書などを読まずにまず使ってみる。

＊2「身体感覚優位」と表現する場合もある。

おおまかにいえば、聴覚優位の人は「耳が良い」ため口頭だけの説明でもOK。視覚優位の人は「目が良い」ため資料を渡すだけでもOKといったものです。

先のAさんとBさんの場合、両名に対して口頭のみで伝えたとすると、Aさんは「聴覚優位タイプ」で、Bさんは「それ以外」ということが考えられます。つまり、**Bさんの学習スタイルとは異なる（不一致）方法であった**と理解できます。

私もこの話を知り、手元に資料配布（視覚）、口頭での説明（聴覚）、グループで意見交換（言語感覚）、ゲームでの体験（触覚優位）と4つの優位をカバーするような研修スタイルを意識したところ、受講生の腹落ち感や行動変容度がアップしました。

③ 組織と個人の「らしさ」を判断基準とする

最近の研修やコンサルティングでは、「判断基準」や「ギャップ」を伝える際の柔らかい表現として、「らしさ」を使うように意識しています。

例えば、会社の判断基準を伝えるとき、あるいは、部下の仕事ぶりを諭すときなどに、**「正しい、正しくない」よりは「らしい、らしくない」のほうがお薦め**です。

具体的には「この案件、うちの会社『らしさ』でいうと、Aの方が近いと思うよ」や「今回の仕事ぶりは、Bさん『らしくなかった』なー」といったものです。

この「らしさ」は、人材育成の視点では、「内的動機（≒やる気スイッチ）」そのものです。

また、組織開発の視点では、「組織文化」であるといえます。

組織文化の定義については、キム・S・キャメロン教授（ミシガン大学ロス・スクール・オブ・ビジネス組織論）の「もっとも狭いレベルの文化であり、ある組織を他の組織と異なるものとする価値観、支配的なリーダーシップスタイル、組織を象徴するシンボル、仕事の進め方、日常業務、成功についての定義といったものが反映される」がありますが、これこそ「らしさ」といえるでしょう。

あるいは、外部からですと「A社の人っぽい」「○○集団」という表現を使うこともあります。余談ですが、私が就職活動をしていた1994年当時では、JTBは「エリート集団」、近畿日本ツーリストは「野武士集団」と呼ばれていました。

なお、文化には、「信仰に関連する文化」「言語に関連する文化」「国や地域に関連する文化」「職業に関連する文化」などさまざまな種類や範囲がありますが、「どれが良い・良くない」という判断をせず、一般的には「合う・合わない（一致・不一致）」となります。

ここで考えたいのは、「○○文化だから優れている」とか「◆◆文化だから良くない」ということではなく、**「スタッフが組織文化に一致して、パフォーマンスを発揮しているか」「時代に対して、組織文化が一致して、事業が発展しているか」**ということです。

当然のことながら「スタッフ」も「組織文化」も、会社の成長ステージ（創業期・成長期・安定期・停滞期・再成長期など）によって、「求められるもの」が変わっていきます。

よって、組織のリーダーとしては、個人としての「らしさ」を発揮させつつ、組織としての「らしさ」を成熟あるいは変革させることも求められます。

「成長対話」で部下の成長を加速させる

今、街の自動車整備工場の廃業が増えています。

理由は、電動化が進んだことにより、自動車の整備技術が高度化し、メーカー系列のディーラーでしか修理できないこと。あるいは、ブレーキサポートシステム、アラウンドビューモニターなどにより、駐車時に車をこすったり、ぶつけたりすることが減少し、鈑金修理自体の数も減っていることなどが挙げられます。

今後、自動運転技術のさらなる進化・普及により、車の安全性が高まるほど、今までの商品・サービスだけでは斜陽産業化に歯止めがかからない状況です。

そのような業界で成長を続け、全国から注目を集めているのが株式会社中部自動車整備工場（沖縄県沖縄市／山城竜治・代表取締役社長）です。**地域に支えられて創業68年を迎え、車社会の沖縄になくてはならない存在となっています。**

「働きがいTV」で同社を取材した際に、インタビューさせていただいた安里斎秀さん（当時：アップガレージ沖縄店店長）からは、とにかく「成長」という言葉がたくさん出てきます。

入社3年目という早さで店長となった安里さんは、その理由について「先輩のアドバイスを素直に受け止め、改善し続けた姿を認めてもらったのかな」と笑顔で回答しています。ここでポイントとなるのは、ご本人の人間性に加えて、同社の仕組みである**「ランクアップノート」**と**「成長対話」**の存在です。

このノートは、「何のために働くのか？」を基本に、年間の目標を日々の課題まで落とし込み、明確化するノートです。目的・目標・計画・実績（数字と行動）を日々確認し続けることで、人間的な成長をも促進しています。上司と定期的に行う「成長対話」（細かな「気づき」と「成長実感」の促進）でも、このノートは活用されています。

「仕事を通して自分の成長を実感したり、働きぶりを上司やお客さまに認めてもらえることが働きがいにつながります。人としての成長が会社の成長やお客さまの喜びにもつながります。**私たちが目指しているのは幸せ創造企業です**」と語る山城社長は次なるステージを見据えています。

3 「能力×不信任＝実力低下」を解消する

①「信任」と「放置」の違いを意識する

「職場の基礎代謝」が低下した組織では、組織全体として、動くこと・新しいことに取り組む姿勢が失われ、社員の成長が鈍化します。

私自身も長らく勘違いしていたのですが、「上司や人事が人を育てる」のではなく、実は**「新たな仕事」や「成功した体験」により、結果、「人が育つ」という認識がとても大切です。**

明治大学専門職大学院・野田稔先生が、人材育成推進者講座で、熱を込めて経営者や管理職に伝えるワードとして、「育成と結果はワンセット」があります。

この言葉の真なる意味は、「育成を目的として、部下に新しい仕事（難しい仕事）を付与した場合、その部下が成功を収められるように、上司は適宜、支援することが求められる。丸投げはＮＧである」というものです。

表4－3－1　「信任」と「丸投げ」との違い

	信任して支援する	丸投げして放置する
付与のレベル	ストレッチゾーン（挑戦空間）	パニックゾーン（混乱空間）
仕事の責任	最後は上司（安心感）	失敗したら部下（不安感）
支援の状態	適宜（進捗確認・精神支援）	放置（結果確認・業務介入）

加えて、東京大学・中原淳先生は、著書『職場学習論　仕事の学びを科学する』（東京大学出版会）の中でこう述べています。

『職場で受ける支援には、「業務支援」「内省支援」「精神支援」の3種類があり、**上司の「精神支援」、先輩の「内省支援」、同僚の「業務支援」が「能力向上」に資する**』

また、雑誌「THE21」2017年10月号（PHP研究所）の「ビジネスマン100人に聞いた　やる気が上がった&下がった上司の『あのひと言』」では、「任せた」「責任は取る」「自由にやってみろ」など、**「仕事を任せる」内容を挙げた人が断トツの約6割**となっています。

これらから、育成を目的とした仕事の付与では、「信任して支援する」のと「丸投げして放置する」の違いを明確に意識することが大切であるといえます（表4－3－1参照）。

②「ティーチング」「トレーニング」「コーチング」を使い分ける

中間管理職の皆さまから、部下の育成手法について「ティーチングか、コーチングか」という二者択一方式での相談を多く受けます。

これに対して、**「社員の業務レベルと知識・経験によって、ティーチング・トレーニング・コーチングを使い分けるのが望ましい」**と回答しています（表4-3-2参照）。

Aさんは「仕事ができるから、コーチング」、Bさんは「新人だから、ティーチング」といった「ざっくり感」ではなく、Aさんにも、業務による「得意・不得意」、知識や経験の「有・無」があるため、「細分化」して考える必要があります。

実際に当法人でも、入社5年目のスタッフ（学生のインターンシップ担当を4年経験し、現在は企業のコンサル業務を兼任して1年経過の管理職）に対して、企業のコンサル業務については「ティーチング」、部下のマネジメント業務については「トレーニング」、学生のインターンシップ業務については「コーチング」と使い分けをしています。これは、全面的に「信任」すること、部分的に「信任」することの区別をしているともいえます。

表4－3－2　ティーチング・トレーニング・コーチングの使い分け

支援の段階	支援の内容・接し方・キーワード
ティーチング	特に部下に対して上司が、必要な事柄を教え込む接し方。納得感。
トレーニング	教えたことを何度も何度も繰り返して定着させる接し方。反復・継続。
コーチング	部下や同僚に対して、伴走して一緒に走るという接し方。自律的支援。

＊『上司泣かせのゆとり世代の戦力化作戦』（真藤孝一著、幸福の科学出版）をもとに筆者改変。

また、東京大学・中原先生は、**「ティーチング」と「コーチング」の要素をあわせもったものとして、「フィードバック」**を提唱しており、『フィードバック入門　耳の痛いことを伝えて部下と職場を立て直す技術』（PHPビジネス新書）の中で以下に定義しています。

『フィードバックとは、端的に言ってしまえば、「耳の痛いことを部下にしっかりと伝え、彼らの成長を立て直すこと」です。より具体的には、フィードバックには、次の二つの働きかけ（情報通知および立て直し）*を通して、問題を抱えた部下や、能力・成果のあがらない部下の育成を促進することをめざします』

＊カッコ内は筆者が追記した。

③ 部下に「大丈夫？」と質問するのをやめる

「職場の基礎代謝」のポイントである「不」の解消ですが、顧客には「不」の解消を丁寧に行っているのに、部下となると甘えが出て、丁寧さが消えてしまうことがあります。

その代表例ともいえるのが、「○○の件、大丈夫？」という質問です。

これは、部下の「不」を解消しているように見えて、実は、上司である自分の「不」を解消している（＝部下が大丈夫といったので、自分は安心した）ということになります。

顧客には「大丈夫ですか？」といった質問をしないにもかかわらず、以下のように、**部下には「大丈夫？」と質問し、最後に「大丈夫じゃない」事態が発生する**のです。

〔ケースその１〕お客さま編

Ａ課長：今の説明で、分かりにくいところ（不明瞭・不理解な点）は、なかったですか？

お客様：うーん。この図の○○のところが、ちょっと曖昧なんですけど……。

Ａ課長：なるほど、他の事例もお示ししながら、今一度、ご説明させていただきます。

〔ケースその2〕部下編

A課長：今の説明で、大丈夫？

部下C：だ、大丈夫です。（心の声：大丈夫って聞かれたら、大丈夫としか言えない……）

A課長：大丈夫だな。では、よろしく！

……後日……

A課長：Cくん！　この前の件、どうなった？

部下C：じ、実は、○○のところが、分からなくて……進んでいません。

A課長：え!?　先日、大丈夫っていったよね。不明点があるのに、なんで聞かないの？

部下C：申し訳ありません（心の声：とても質問できる雰囲気じゃないし……）

この「大丈夫？」問題を、未然に防ぐために効果的なのが、「不明瞭なところは？」「不安な点は？」「時間は不足しない？」といった具合に、**上司から先に「不」を明示して、質問する方法**です。

「不○○は、あるか・ないか」のクローズド・クエスチョンで質問しているため、部下も回答しやすいのがポイントです。

「4行日記」で若手を「信任」するマネジメント

育成を目的として仕事を付与した際、特に、**若手社員を「信任」するマネジメント**に有効という理由で**お薦めしているのが「4行日記」**です。

実際に、日報の一部に取り入れ、「上司と若手社員のコミュニケーションが良くなった」「若手にプロジェクトを任せやすくなった」という企業が多くあります。

お薦めの理由は、営業でよく使われる「アフリカの靴売り」の話があるからです。

この話は、「アフリカで靴を売るために、2人の営業社員が派遣され、住民が誰一人として、靴を履いていない」という事実に直面したとき、プラスの思考のAさんは、「チャンスと捉えてお店を出した」のに対し、マイナスの思考のBさんは、「絶対に売れないと諦めて引き返した」というものです。

このように、一般的には「プラス思考」が大切となりますが、私自身も、「事実をプラスに捉えた」としても、「行動が伴わない」ということが、多々ありました。

表4－3－❸　若手Aさんの4行日記

事　実	プロジェクト会議で、説明不足から反対意見が多く出た。
気づき	前回会議での「不明点」を解消する説明が不足した（準備できなかった）。
気持ち	プロジェクトメンバー全員が納得し、イキイキと取り組めるようにしたい。
行　動	水曜日までに「不明点」をカバーする資料を作成する。

そこで、シンプルに**「頭で分かっているのに、体が動かないのは、心が動いていないから」**ではないかという発想から組織心理学者の小林惠智氏が開発した「4行日記」（事実・発見・教訓・宣言）に、アレンジ（事実・気づき・気持ち・行動）を加えています（表4－3－③参照）。

具体的には、事実は「実際に起こったこと」、気づきは「事実に対して気づいたこと」、気持ちは「今後、どんな気持ちが欲しいのか」、行動は「気持ちを手に入れるための行動」を書いていきます。

慣れないうちは、「事実」と「気づき」、「気づき」と「気持ち」の区別が難しい方もいますので、最初は少しサポートをしてあげると良いでしょう。

この**「4行日記」において、上司や育成担当の方に、特に着目していただきたいのは、「気持ち」の部分です。**

先ほどの「頭で分かっているのに、体が動かないのは、心が動いていないから」という点、そして、今の若い世代は「自身の気持ちを大切にする」傾向が強いという点からも、心の部分が書いてある「気持ち」の欄が重要です。

今、どのような「気持ち」なのかを知ることで、部下や社員の状態（晴れ・曇り・雨、あるいは、春・夏・秋・冬といったイメージ）を把握しやすくなります。

今回のAさんの場合であれば、「プロジェクトメンバー全員が納得し、イキイキと取り組めるようにしたい」となっているので、心（やる気・モチベーション）は維持できていると判断できます。

もし、「気持ち」の欄に「なかなか、思ったとおりに進まない」とか「今回のプロジェクトは調整が難しい」といった記載が増えてきた場合は、上司からの「精神的支援」や同僚からの「業務支援」などが必要になってきます。

この**「4行日記」は単発ではなく継続することで、さらなる効果が期待できます。**

「気持ち（どんな気持ちが欲しいのか？）」の欄に、「挑戦」や「優しさ」といった特定の言葉が、何度も出てくることがあります。

それは、本人がそれと知らずに大切にしているものの可能性が強く、**内的動機**（…

やる気スイッチ）の違いを理解することにつながるものでもあります。

あるいは、意識して使っている場合は、何らかを「克服しよう」「身に着けよう」としている表れでもあります。

この「4行日記」を使いながら「気持ち」の部分にフォーカスし、週に1回ぐらいのペースで面談をするとより効果的です。もし、**週1が難しい場合は、「気持ち」欄に変化があった際、特に「不」が現れた際に、本人にそれとなく確認するのがよいでしょう。**

なお、部下が多い方には、「Geppo（ゲッポウ）」をお薦めします。数年前に、サイバーエージェント取締役の曽山哲人さんがお話ししていた仕組みに、リクルートの知見などを組み合わせて、株式会社ヒューマンキャピタルテクノロジーからリリースされています。

この「Geppo（ゲッポウ）」は、従業員が毎月3つの質問に回答するだけで組織や個人のコンディション変化を発見することができるツールで、「日本の人事部『HRアワード2017』」の優秀賞も受賞しています。

Part 2

「不足・不安」を解消し、「安心・安全」な職場へ——不理解・不十分・不自然を解消する

「不機嫌」の一歩手前である「不信・不遇」「不足・不安」「不快・不便」のうち、2つ目の「不足・不安」についてお話ししていきます。

2015年4月の「MFクラウドExpo 2015」において、**21世紀の経営で重要視されるものは、「ヒト・モノ・カネ」から「ヒト・ヒト・ヒト」に変化する**と大前研一氏（ビジネス・ブレークスルー代表）が語ったように、現在は、人が最大の経営資源であると考えられます。

この人に関する「不足・不安」は、職場の人間関係、情報の質と量、仕事と能力のバランスなどで発生しやすく、「不十分」「不理解」「不自然」と相関が深いものです。

それらの**「不」が解消された状態を表す言葉として「心理的安全性」があります**。これは、「Psycological Safety」を和訳した心理学の用語で、「一人一人が、チームに対して気兼ねなく発言できたり、本来の自分を安心してさらけ出せるような場の状態や雰囲気」や

「心理的に不安がない状態」のことを指します。

心理的安全性は、アメリカのグーグル社が、2012年から取り組んできた「プロジェクト・アリストテレス」（社員間のコミュニケーションを中心に、チームの仕事ぶりを徹底的に観察・分析し、「より生産性の高い働き方」を提案する目的のプロジェクト）が導き出し、2016年に「生産性の高いチーム（成功しているチーム）」に必要なものとして以下の5つが重要だと結論づけ、脚光を浴びています。

それは、心理的安全性（Psychological safety）、信頼性（Dependability）、構造と透明性（Structure & clarity）、仕事の意義（Meaning of work）、仕事が与える影響（Impact of work）であり、**「他者への心遣いや共感、理解力を醸成することにより、間接的にチームの生産性を高めることにつながる」**としたのです。

近年、日本の企業で見直されている「飲み会」「運動会」「社員旅行」は、その副次的なものとして、ともに働くメンバーの仕事の側面だけでなく、ライフデザイン（人生観、価値観、家族、趣味、大切なものなど）を相互に理解することや、自分「らしさ」を大切にすることが再認識されてきているといえます。

4 「能力×不理解＝実力低下」を解消する

①「オフサイトミーティング」が、目に見えない効果を生む

近年、注目を浴びている手法に、「オフサイトミーティング」があります。かつての役職や年齢を越えて「ワイワイガヤガヤ」と話し合いをする「ワイガヤ」に近いものです。

本来は、オンサイト（On-Site）に対してのオフサイト（Off-Site）ということから、物理的にも、空間的にも、「場（Site）＝会社・仕事を離れる」というのが意味ですが、最近では、肩書や部署などの「立場」から離れるという趣旨が浸透しつつあります。

この**「オフサイトミーティング」の大きな効果の一つが、先の「心理的安全性」**で、ともに働く社員のライフデザインを相互理解することにより、醸成されていきます。

沖縄ヤクルト株式会社（沖縄県宜野湾市／入井将文・代表取締役社長）では、2015年から月1回の全体夕礼をオフサイトミーティング形式で実施し、効果を挙げています。

2009年から「理念経営」を掲げてシフトしたものの、「施策を考える側」と「行動する側」との間にさまざまな「不理解」が発生し「やらされ感」が蔓延。その結果として、業績が落ち込みました。また、年齢も知識も経験も勝っているヤクルトレディを、若手社員がマネジメントする点においても課題でした。

そこで、理念を実行できる風土づくり、具体的には「上司の言葉より、仲間・同僚の言葉」「誰かが決めたことより、自分が参加して決まったこと」「お互いの価値観や考え方を話し合い、セーフティネットワークを構築する」「価値観が近い仲間探し」を目指して始めたのが月1回の全体夕礼でした。

これを推進した沖縄ヤクルト・ES推進室の幸地雅夫課長は、

『以前は、部署が違う社員の名前も知らず、関心もない状態が多くありました。今では、部署や世代を越えて、お互いを知り、承認し、話し合う人間関係が広がってきています。世代の違う社員同士でも、これまでの背景を知ることで、普段の言動や行動の意図が理解できる部分が多くなりました。**これを継続することで、自分で考え、皆で話し合い、決めていく「自律型組織」づくりを目指していきたい**です』と笑顔で語っています。

②「ライフデザイン」と「キャリアデザイン」の違いを理解する

先の「心理的安全性」や「オフサイトミーティング」に共通していることは、「自分らしさをオープンにしても、大丈夫な職場なのか」「大切にしているものが、メンバーに伝わっているのか」であると考えられます。

また、そこで働く人々の「キャリアデザイン」だけでなく、それぞれの「ライフデザイン」が大切にされているともいえます。

この**「キャリアデザイン」と「ライフデザイン」**の考え方は、私のメンターである梅原一剛さん（NPO法人THE F.U.N. 理事長）に、10年前に教えていただいたものです。

梅原さんは横浜国立大学を卒業後、1965年に東急電鉄に入社。その後、アメリカ西海岸での都市計画や地域開発に携わり、パン・パシフィックホテルズや東急ホテルズの社長を務められました。現在はその経験を生かし、後進の育成に尽力されています。

梅原さんが語る「人を育てる組織」に求められること、そして「ライフデザイン」と「キャリアデザイン」という大切な考え方を、私なりに次のように整理しました。

■**人を育てる組織**：柔らかい文化で持続可能な組織であること。
地域社会に対してフレンドリーで、魅力的な組織であること。

■**ライフデザイン**：お金を払ってでも一生涯行いたいこと、続けたいこと。
お金をもらわなくても一生涯行いたいこと、続けたいこと。
例 趣味を持つ、結婚をする、子どもを持つ、笑顔で過ごすなど

■**キャリアデザイン**：ライフデザインを充実させるための手段となること。
その道のプロフェッショナルになろうとすること。
例 お金をもらって行う仕事のレベルを上げる。スキルアップなど

実体験なのですが、**社員Aさんの子ども（Bくん）に熱が出た際、社内運動会などでBくんに会ったことがある場合とそうでない場合では、同僚の対応が違うことがあります。**

やはり、これからの職場では、社員としての「キャリアデザイン」だけでなく、人としての「ライフデザイン」の面を柔らかく共有していくことが求められるでしょう。

③ 内的動機（≒やる気スイッチ）の違いを理解する

今から6年前、沖縄で人材育成や組織開発に特化した「人材育成推進者養成講座」がスタートしました。

講座の企画・設計は、慶應義塾大学大学院・高橋俊介先生。講師陣は、東京大学大学総合教育研究センター・中原淳先生、明治大学専門職大学院・野田稔先生、ビジネス・ブレークスルー大学・川上真史先生などそうそうたる顔ぶれとなりました。

私は幸運なことに、同講座の事務局を担当することになったとはいえ、人材育成や組織開発については駆け出しの頃です。それこそ、講座を受けるたびに、初めて聞く理論や導入事例の豊富さ、そして、データ分析の鋭さに圧倒されっぱなしだったのを覚えています。

その中で、**最も衝撃を受けたのが、高橋先生が話されていた「内的動機」であり、当法人の人材育成や組織開発にも大いに役立っています。**

それを言葉にすると「人材育成が難しいのではなく、人を理解することが難しいということ。人を理解するために、脳科学・心理学なども活用して、感覚的なものだけでなく、科学的にも捉えられるようになれば、人材育成は楽しいかもしれない」という感覚です。

〈内的動機の3つのポイント〉

■人それぞれに、内的動機（≒やる気スイッチ）が違う。
■少年期に形成され15〜20歳の間でほぼ固定化。以後、ほとんど変化をしない。
■思考・行動特性にも表れることがあり、若い人は比較的類推しやすい。

それ以降、経営者や管理職向けの研修では、**「自分が持つ強い内的動機（≒やる気スイッチ）を他人や部下も持っているわけではない」**と説明するようにしています。

なお、私自身、日頃からスタッフをよく観察することで、本人の「動機」や「思考・行動特性」を、ある程度のレベルで類推できるようになってきました。

それにより、スタッフに仕事を振るタイミングや声の掛け方などの「コツ」をつかめるようになり、本人の「やる気スイッチ」を押しやすくなっていると感じています。

【参考】内的動機（≒やる気スイッチ）一覧（一部、抜粋）

＊慶應義塾大学大学院・高橋俊介先生の講義内容・資料をもとに筆者作成。

〈コミットメント系〉

何かを成し遂げることに積極的に関与していく目的合理的な動機。高い目標を達成したい、人を動かしたいという動機のことで、特に影響動機は支配欲にもつながる。

●**達成動機**：高い目標を打ち立て、それを達成しようと一生懸命。上昇志向あり。

●**影響動機**：自身の言動や行動で、人に影響を与えて動かしたい。上昇志向あり。

●**賞賛動機**：人に褒められたい。人から「すごい！」と讃えられたい。

●**闘争動機**：ライバルに負けたくない。業界1位より、2位・3位向き。

〈リレーションシップ系〉

人の感情的な部分に関与していく人間関係構築的な動機。人と仲良くしたい、相手を理解したい、自分の思ったことを人に伝えたいという動機のことで、コミュニケーションを重視する。

● **社交動機**：人と仲良くしたい。初対面の人とでもすぐに打ち解ける。
● **理解動機**：人の考えや感情を知りたい。人間観察の傾向がある。聞き上手。
● **伝達動機**：自分の知識や考えをより多くの人に伝えたい。声が大きい傾向。
● **感謝動機**：人に感謝されたい。「ありがとう」といわれると疲れも吹き飛ぶ。

〈エンゲージメント系〉

結果を出す、人と仲良くするなど、何らかの目的のためではなく、思わずのめり込んでしまう状況を作ろうという動機。知的好奇心が旺盛で、物事にのめりこむことが多い。

● **抽象概念動機**：抽象的・概念的なことを考えるのが好き。経験をうまく取り込む。
● **自己管理動機**：自分のことは全部自分で決めたい。人にペースを乱されるのが苦手。
● **切迫動機**：やるべきことは前倒しして済ませたい。仕事が早い傾向がある。
● **徹底動機**：細部まで徹底してこだわる。研究職や技術職といった人に多い。

＊内的動機は「ある・なし」ではなく、「強い・弱い」という観点で見るものであり、系統は理解を促進するためのものです。例えば「Aさんはリレーションシップ系のみある」ということではなく、「Aさんはリレーションシップ系が強い傾向がある」という表現になります。

創業社長と二代目社長の「内的動機」の違い

「内的動機」は、事業承継においても、度々、問題の種となります。それは、創業社長と二代目社長の「動機」が異なる場合に生じる、「マネジメントスタイル」と「社員に求める行動と判断」の違いです。

例えば、創業社長が、「達成動機」「影響動機」「伝達動機」「切迫動機」などが強い場合、マネジメントスタイルは、「前に向かって、ぐいぐい引っ張る。指示の後、すぐに行動してほしい」などとなり、社員に「スピード」「処理能力」「1＋1＝2」などを求める傾向があります。

一方、二代目社長が、「社交動機」「理解動機」「感謝動機」「抽象概念動機」などの動機が強い場合、マネジメントスタイルは、「社員の意見を尊重。お客さまに感謝されるユニークな会社を目指しましょう」などとなり、社員に「協調・協力」「独自性・創造性」「1＋1＝?」を求める傾向があります。

このように、両者の間で、マネジメントスタイルに大きな違いがあると、**まるで別**

会社のように、「求められる行動」や「望ましい判断」が変わってきます。

社員にしてみれば、それに合わせて「思考・行動特性（考え方や行動のパターン）」を大きく変える必要性が生じ、文字どおり「大変」になります。

当然のことながら、スタッフが新しいマネジメントスタイルに慣れるまで、つまり、自身の「思考・行動特性」を追加・変更するまでには、時間が必要となります。

それまでの期間、**社員や職場の中にさまざまな「不」が発生・増加するため、「職場の基礎代謝」が下がってしまいます。**

そうなると、「社員の能力×職場の基礎代謝（低下）＝会社の実力（低下）」の公式にあるように、業績に影響が出てきます。

そこで、創業社長が、「二代目のマネジメントは生ぬるい！　業績が落ちている」とやってしまうと、事業承継に失敗する可能性が高まります。

ここでは、創業社長が「グッ」とこらえて、二代目社長を「信じて任せる」（不信任の解消）ことが大切なのです。

5 「能力×不十分＝実力低下」を解消する

①「What」「How」より「Why」を説明する

会社の方針を伝える際や仕事の依頼をする際などに、「What」や「How」は、伝えていても、つい「不十分」になりがちなのが「Why」です。

「なぜそれをやるのか」「なぜ必要なのか」といった**目的や理由の説明が「不十分」**だと、**モチベーションも上がらず、創意工夫にもつながりにくくなります。**

ここで、かの有名なイソップ寓話「レンガ職人」をもとにアレンジされたさまざまな話のうち、私の好きなものをご紹介します。

『ある旅人が町の一本道を歩いていると、ひとりの職人が無表情でレンガを積んでいました。その職人に「何をしているのですか?」と質問すると、「レンガを積んでいるんだ!」と不愛想に答えました。

もう少し歩くと、別の職人が笑顔でレンガを積んでいました。そこで、同じ質問をすると、「学校を造っているんですよ！」と答え、子供や街の未来についてイキイキとした表情で語り出しました』

実際には、この「レンガ職人」の話ほど単純ではないかもしれませんが、「職場の基礎代謝」が下がった会社ほど、「無表情」の社員が多く、職場全体に「やらされ感」が蔓延している傾向が強くなります。

また、「Why」を十分に説明して腹落ちさせていないと、本質的な理解までには至らず、「場面や状況が変わると対応できない」といったことが多く起こります。

このように、同じ場面であれば、能力を発揮できる（＝実力として結果が出せる）のですが、異なる場面に遭遇するとパフォーマンスが落ちる場合は、本質的な理解や経験値が不足していることが多いものです。

その対応としては、やはり、仕事の目的や理由といった「Why」を十分に伝え、腹落ちをさせる。いろいろなお客さまに触れて経験値を上げる。それにより、**「能力×○○＝実力」の○○の部分に「いつでも・どこでも・誰とでも」が入っても、同じような対応ができるようにする**ことが大切です。

② 従業員アンケートは実施後の「フォローアップ」が大切

沖縄県人材育成企業認証制度での従業員ヒアリング、そして、全国での「職場の基礎代謝」研修や「アンガーマネジメント」研修におけるディスカッション（経営者〜係長クラス）の意見に耳を傾けていると、ある一つの「気づき」があります。

それは、職場全体における「不」の発生原因として「従業員アンケート」と「人事考課制度（目標管理制度含む）」が意外に多いということです。

そして、その「不」の発生原因に共通するものとして挙げられるのが、**実施後のフォローアップが「不十分」あるいは「不明瞭」なため、新たな「不」を発生させている点です。**

ここで、「従業員アンケート」を考えてみます。スタッフの立場とすれば、忙しい中、時間を割いて回答することになり、当然、何らかの「見返り」を期待します。

この「見返り」とは「労働環境の改善」「給与体系の改善」「業務効率の改善」など、何らかで「会社が良くなる」「自分が良くなる」ということを指します。「職場の基礎代謝」で考えると、「不が解消される」ことをスタッフがイメージするということです。

そのため、アンケートに回答したスタッフの心の中には、「会社は、私たちの気持ちに応えてくれるはず」といった期待や欲求が芽生えます。

その期待や欲求に対し、会社として何らかの「意思表示」（行動や回答）をしなければ、スタッフの間で「期待外れ」「望み薄」といった新たな「不」の感情を発生させることになりかねません。

事実、当法人では、ある会社の従業員アンケートの代理入力を数年にわたって担当したことがあります。アンケート1年目の回答は、ポジティブなものが多かったのですが、**2年・3年と経過するにつれて「去年もアンケートを実施したが、改善が見られない」「アンケートに対する会社からの回答がない」といった「ネガティブ」な書き込みが目立つようになりました。**

この点からも、アンケート本来の目的（会社を良くするなど）を達成するには、最初から実施後のアクションを計画することが重要なポイントです。

具体的には「実施後1カ月以内にアンケート結果の開示」「○月までには改善策の提示と展開」といったものになります。

③「気づき」で終わらせず「行動継続」を支援する

「今日の研修は勉強になりました。良い気づきがありました！」と笑顔で研修会場を後にされた方が、半年後にも同じ研修を受けていることが少なくありません。

沖縄人財クラスタ研究会では、数年前から、**確かな「気づき」に、十分な「行動」が加わり、望ましい「結果」が出ることで「意識」が変わる**としています。

つまり、「気づき」を得て、「意識」が変わり、「行動」が変化するのではなく、「気づき」を得て、先に「行動」が変わることで「意識」も変わるのです。

そこで、総務・人事などの研修を仕掛ける側としては、「気づき」で終わらせず、「行動」が十分に継続できるような、サポートをすることが求められます。

実際に、ある企業での課長職研修の中で「部下との会話が不足していると感じる」「部下にもっと興味・関心を持つようにしよう」という意見が出て、最終的に「1日2回は部下に声を掛けよう」となりました。

そこで、「2回以上声を掛けたら（話をしたら）＝◎」「1回声を掛けたら＝○」「1度も

表4－5　1日2回の声掛けチェックシート

	7/1	7/2	7/3	7/4	7/5	休	休	7/8	7/9
Aさん	◎	◎	○	◎	○	／	／	◎	◎
Bさん	○	●	○	出張	出張	／	／	◎	◎
Cさん	○	◎	●	○	○	／	／	◎	◎
Dさん	●	○	●	●	○	／	／	◎	◎

掛けなかったら＝●」とし、退社前に、課長職の方に部下の顔を思い浮かべながら、表4－5のようなチェックシートに記入することをお願いしました。

そして、1カ月後の課長職研修で、互いにチェックシートを持ち寄ってもらい、「行動」の継続と「意識」の変化を尋ねてみると、「職場が明るくなった」「部下の〝やる気スイッチ〟が分かるようになった」とその効果はテキメンでした。

毎日、**「部下の顔を思い浮かべながら、チェックシートに記入する」という「行動」の継続**が、「明るい職場」や「部下の成長」という望ましい「結果」につながり、結果として課長職の「意識」の変化をもたらしたのです。

「お写真！　お撮りしましょうか？」運動で、売上アップ

ここでは、8年ほど前、沖縄県のあるホテルで行われた取組みでは、スタッフの「観察力」が上がり、結果として「売上」アップにもつながったケースをご紹介します。

それは「お写真！　お撮りしましょうか？」運動です。ご家族やカップルで来られている方にとって、全員が一緒に写っている写真は、大切な思い出になりますが、中には、お願いするのが恥ずかしいという方もいらっしゃいます。

本来であれば、ホスピタリティ溢れるホテルスタッフとして、お客さまより先に気づいて、お声掛けするのが望ましいのですが、そのホテルでは、**お客さまから声を掛けられて初めて、スタッフが写真を撮るということが多かった**のです。

支配人自身は、「お写真！　お撮りしましょうか？」と声を掛けてお客さまに喜ばれるのが嬉しかったので、不思議に思い、スタッフに尋ねると以下の回答が多くあったそうです。

・分かってはいるんですが、忙しいと目の前のお客さまに集中してしまって……
・お声掛けをして断られると、気まずい雰囲気になってしまうので、ついつい……
・支配人は、写真が好きだから、お声掛けがうまいんじゃないですか？

そこで、まずは「行動」からと、編み出されたのが、「お写真！　お撮りしましょうか？」運動です。**お客さまに対して、「自らお声掛けをして、写真を撮ったら3点」「仮に断られても、ナイストライで1点」が入る**というものです。つまり、成功したら3点、失敗しても1点が入り、何もしなければ0点としています。

この運動の仕組みはいたってシンプルですが、効果は抜群でした。顧客満足度がアップしたのはもちろん、スタッフが、お客さまをよく「観察」するようになりました。まさに「行動」によって「意識」が変化したのです。

絶妙のタイミングで「おかわり」のご提案ができるようになるなどした結果、ホテル内の料飲部門だけでなく、さまざまな部門で売上や利益がアップしたというのも納得です。

6 「能力×不自然＝実力低下」を解消する

① 不自然を分解すると「ムダ」「ムラ」「ムリ」になる

職場における「不自然」というと、直観的な「違和感」「変な空気」などを挙げられる方も多いのですが、「職場の基礎代謝」では、**不自然を分解すると「ムダ」「ムラ」「ムリ」になる**と定義しています。

あるいは、ある目的に向かって、形や仕組みを追求（≒ムダ・ムラ・ムリを排除）していくと、自然界の生き物などに形や仕組みが似てくるということがあります。代表的なものとして、700系新幹線の先頭車両が「カモノハシ」のくちばしに似ているなどです。

さらに、最近では、バイオミミクリー（またはバイオミメティクス）といわれ、自然界の生き物の優れた形や仕組みを積極的に取り入れることが行われており、**「自然」でいること、「自然体」であることが、パフォーマンスの発揮において大切なことを示しています。**

表4－6－1　職場における不自然（ムダ・ムラ・ムリ）

ムダ	付加価値を生まない作業。 例 トヨタ生産方式における7つのムダ＝在庫・加工・不良・運搬・動作・手持ち・造り過ぎ。	目的＜手段　の状態。
ムラ	各種のバラツキのこと。 例 技能・材料・設備・手順・仕事量のバラツキなど。	目的＜手段 ⇄ 目的＞手段 ムダとムリが混在している状態。
ムリ	○○過ぎるということ。 例 早過ぎる、重過ぎる、難し過ぎる、遠過ぎる、多過ぎる、高過ぎる、低過ぎるなど。	目的＞手段　の状態。

＊「カイゼンベース」https://www.kaizen-base.com/contents/kall-42425/ をもとに筆者作成。

また、これは生産活動における「ダラリの法則（3M＝ムダ・ムラ・ムリ）」とも共通する考えであるともいえます（表4－6－1参照）。

製造業の方には、釈迦に説法ですが、こうして表で整理してみると、「職場の基礎代謝」を低下させる原因となるものが、多くあることに気づかされます。

その他にも、**特定の社員に仕事が集中しており、「Aさんが休むと仕事が回らない」といったケースも「不自然」である**といえます。

また、現代社会は「ネット販売拡大による宅配業社の労働環境問題」や「コンビニなどの24時間営業によるワンオペ（1人体制）問題」など、利便性を追求し過ぎて「不自然」な状態に陥っているとも考えられます。

②「ムリ」な背伸びは、「不足」や「不安」を生む

東京大学の中原先生は、『フィードバック入門』（PHPビジネス新書）の中で『能力を高めるのに必要なのは、ストレッチ経験（背伸び経験）であり、コンフォートゾーンとパニックゾーンの中間に位置するストレッチゾーン（挑戦・成長空間）の心理状態になるよう、仕事を付与するのが望ましい』としています。

ストレッチゾーンのイメージとしては、「背伸び」をして手が届くぐらいのレベルです。

「ジャンプ」をしないと届かないのでは、リスクが伴い、次第に諦めてしまいます。

私の体験をお伝えすると、新卒で入った大手旅行会社において、記念すべき最初の配属先は、外国人対応専門セクションでした。

1995年当時には珍しかった「中国への留学経験」を買われての大抜擢で、誰もが羨む配属なのですが、当の本人は辞令を受け取り「顔面蒼白」のパニック状態です。

というのも、当時の私は、大学の4年間、中国語専修クラスだったため、英語を全く勉強しておらず、外国人セクションで必須の英語が、高校生レベルでした。

図4－6－2　「ムリ」な背伸びは、「不足」や「不安」を生む

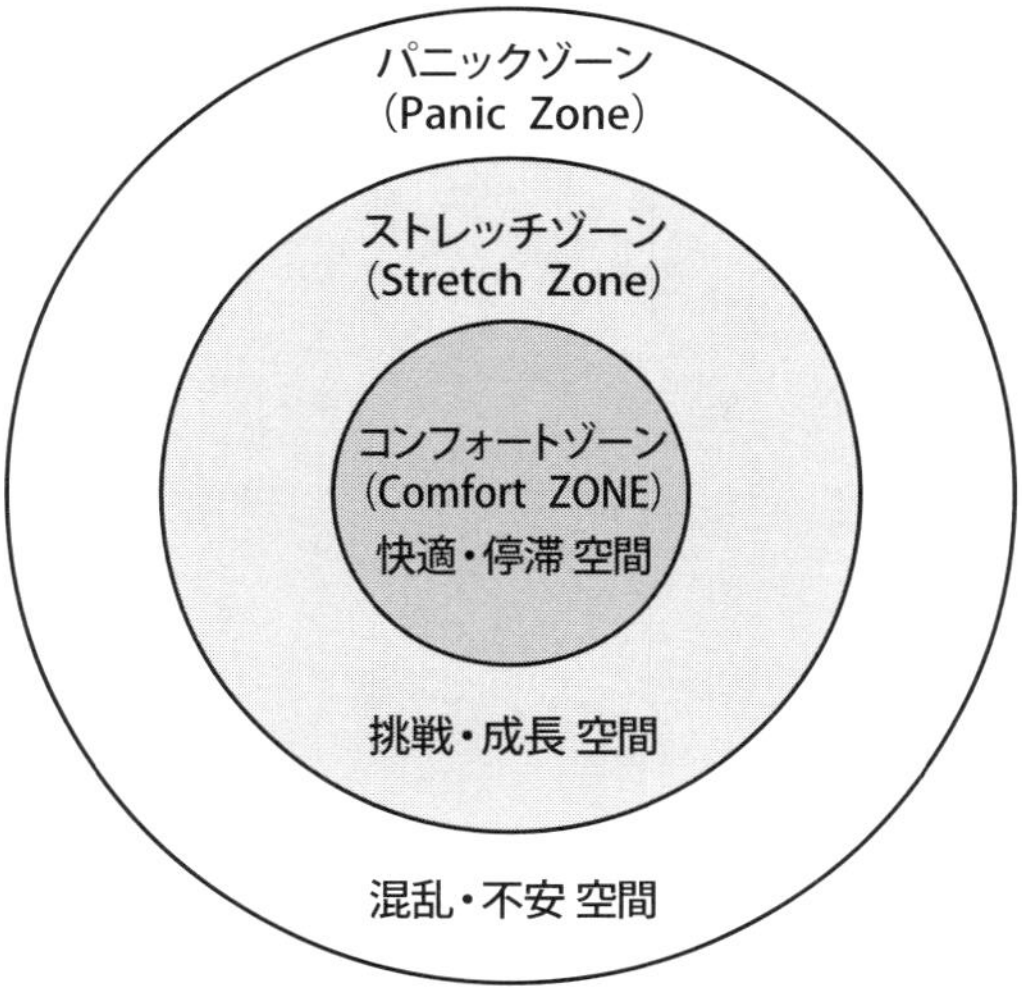

＊『フィードバック入門』（中原淳著、PHP ビジネス新書）をもとに筆者作成。

これは、明らかな能力「不足」です。業務の基本となる「英語を使った航空券の手配」などは全く想像がつかず、「パニックゾーン」に入り、「不安」が募るばかりでした。

このように、多くの「不」が発生し「基礎代謝」が低下、明らかにパフォーマンスが落ちている私を救ってくれたのは、当時のA所長でした。

「Mr. Shirai is telephone !」などというブロークンな英語で、**多くのリピーターを持つA所長の存在そのものが、「あれなら、できるかも？」とストレッチゾーン（挑戦・成長空間）に引き戻してくれた**のです。

③ ムダな「会議」より、自然な「対話」を心がける

アイティメディアが、2017年4月に行った「会議の削減/短縮に関する読者調査」によると、自社の会議について課題を感じる部分として、「会議が長い（ムダな時間が多い）」（69・1％）という回答が最も多く、次いで「会議が多い（定例化する必要性の低い定例会議やムダな会議が多い）」（54・5％）となっています。

また、『60の先進事例で学ぶ　本当の働き方改革』（日経BPムック）においても、全212ページのうち、「番外編　会議を仕切るチカラ/上司の雰囲気が会議の雰囲気になる」と「諸悪の根源、グダグダ会議を撲滅」といった会議に関するテーマだけで、約30ページも割かれています。

これは、働く人にとって、**会議が「不」の発生場所になっていると同時に、「職場の基礎代謝」を下げる大きな原因になっていることを示しています。**

そこで改めて考えてみたいのは、そもそもの「会議の目的」です。会議の目的は大きく分けて、「共有」「判断」「行動」の3点だと考えられます。

表4－6－3　雰囲気は「ゆるめ」＋内容は「まじめ」が効果的

	雰囲気	内容	典型的な場
議　論	まじめ	まじめ	会　議
対　話	ゆるめ	まじめ	ミーティング、立ち会議
雑　談	ゆるめ	ゆるめ	飲み会

＊『ご機嫌な職場　「職場コミュニティ」再構築の方法』（酒井穣著、東洋経済新報社）をもとに筆者改変。

目的と手段の関係性でいえば、「共有したけど、判断しない」「判断したけど、行動しない」という状態に陥っていると、「会議という手段では、目的を達成できない」となります。

そこで、近年、注目を浴びているのが、自然発生的に集まる「ミーティング」、キャビネットや円卓を利用して行う「立ち会議」など、**雰囲気は「ゆるめ」で、内容は「まじめ」に「対話」をする**ことで、「共有」「判断」「行動」を促進する時間と空間の存在です。

この典型的な場として、かつては「喫煙所」「給湯室」などが挙げられていましたが、今では、「ミーティング」や「立ち会議」へと変化してきています（表4－6－3参照）。

ムリとムダを排除し、自然に「休める会社」へ

当法人の理念である「住んでよし　訪れてよしの島　おきなわ」の根底にあるのは、ホスピタリティ産業に携わる人こそ、自身の「幸せ」が大切という思いです。

自身が「幸せ」であるからこそ、お客さまを「笑顔」にできる。自身に「余裕」があるからこそ、お客さまに「おもてなし」ができる。これは自然なことです。

しかし、２０１６年の就労条件総合調査（厚生労働省）によれば、宿泊業・飲食サービス業の年間休日の平均は95・7日となっており、全企業平均の１０８日よりも12日分も少ない状態です。

その業界において、雑誌『日経トップリーダー』（２０１7年10月号）の特集1「『休める会社』はつくれるのか」にも紹介された、福井県あわら市の温泉旅館「グランディア芳泉《ほうせん》」のケース（休日は30日間増加。残業は減っても、給料を維持。そして、旅館の利益率は10％にアップ）は、実に見習うべき点が多いものです。

■夕食時間の2部制廃止
〔以前〕17時半と19時半で振り分け。スタッフは2時間前に出社でレイアウト作業。

〔課題〕お客さまは気まぐれ。時間・人数・座席の変更が生じて、準備がムダに。

〔改善〕2部制を廃止。お客さまは好きな時間で夕食。事前の座席表作成が不要。

〔結果〕お客さまは自然と分散。接客できる時間の増加で顧客満足度アップ。

■社員のマルチタスク化
〔以前〕宴会・フロント・料亭など職務による縦割り。各部門で働く人数は固定。

〔課題〕客数によるシフト調整もなし。部署を越えて手伝わず、不均衡な人員配置。

〔改善〕マルチタスク化（部署を越えた仕事への取組み）。コミュニケーション増加。

〔結果〕社員の意識に変化（社員から業務効率化のアイデア）。サービスの質の向上。

＊「日経トップリーダー」（2017年10月号）『休める会社』はつくれるのか」をもとに筆者作成。

同旅館の取組みを、「職場の基礎代謝」に照らし合わせてみると、まさに、不自然（ムダ・ムラ・ムリ）を解消したことで、社員のパフォーマンスがアップし、自然に「休める会社」への変貌を遂げたといえるでしょう。

Part 3

「不快・不便」を解消し、「快適・便利」な職場へ
——不案内・不透明・不自由を解消する

「不機嫌」の一歩手前である「不信・不遇」「不足・不安」「不快・不便」のうち、3つ目の「不快・不便」についてお話ししていきます。

この「不快・不便」は、各種制度や人事施策、「働きやすさ」と「働きがい」などで発生しやすく、「不案内」「不透明」「不自由」と関係が深いものです。一般的には、「働き方改革」として捉えられ、経営や人事といった仕掛ける側の視点が強くなります。

この目指すべき「快適・便利」な職場ですが、別の言い方をすれば、「自然」や「スムーズ」な職場ともいえるでしょう。そして、**「自然」でいること、「スムーズ」であることの原理・原則として、「全体調和」が挙げられます。**

私自身の経験ですが、旅行会社の次に転職したＩＴ企業では、パッケージソフトの開発・販売・サポートを行っており、その際、何度も教えられたことがあります。

それは、担当者レベルの「部分最適」を優先してカスタマイズし過ぎると、システムとしての「全体調和」が崩れるということでした。

そして、「部分最適」でカスタマイズした分の保守費用の値上がりによって、企業全体でのシステム導入の効果が薄れるということです。

本書の「職場の基礎代謝」も「部分」より「全体」に着目したものであり、名南経営の顧問である小山邦彦氏から、ご評価いただいた言葉を借りれば、**「職場の基礎代謝は、自然であり、東洋医学的でもある。極めて、総合診療の考え方に近い」**となります。

とはいえ、会社組織にあっては、限られた経営資源「ヒト・モノ・カネ・情報」、あるいは「ヒト・ヒト・ヒト・ヒト」を活用することになるため、それぞれの部署が互いに「綱引き」をし、我が部署優先の「部分最適」に陥りがちになるのは、誰しも体験していることだと考えられます。

そこで、経営・人事側として、「あちらを立てればこちらが立たず」の「部分最適」な状態を早期に脱却し、自然な「全体調和」の状態にもっていくことが求められます。

7 「能力×不案内＝実力低下」を解消する

①「つもり」が、「不案内」を発生させる

私が人生で初めて「不案内」という言葉を知ったのは、中学校の英語の授業で出てきた「I'm a stranger here.（私は、この土地について不案内です）」でした。

改めて「不案内」を調べてみると、「細かい様子や事情がよく分からないこと」や「その方面の心得があまりないこと。また、そのさま」となっています。

確かに、初めて訪れる「不案内」な土地では迷ってしまったり、心得のない「不案内」なことを行うと失敗したりして、パフォーマンスが落ちてしまいます。

その「不」を解消すべく、「カーナビ」や「動画マニュアル」といったサービスが進化・発展したことで、私たちの生活は、快適・便利になったといえるでしょう。

さて、新たな事業方針や人事施策を展開する際、社員総会での経営者による方針発表、

人事担当者による制度導入の案内メールなどを通し、多くの社員に伝えてはいるのですが、実は、「伝わったつもり」に留まっていることが、少なくありません。

経営や人事などの発信側が、「快適」「便利」な方針や施策を展開したとしても、受信側の社員に伝わらず、「不案内」な状態のままでは、その効果は半減してしまいます。

その、「不案内」な状態を防止する、あるいは脱出するための一つのヒントが、「エビングハウスの忘却曲線」です。

ドイツの心理学者エビングハウスが行った実験結果（意味のない3つのアルファベットの羅列を被験者に記憶させ、その後どれくらいのスピードで忘れるかの調査）では、20分後に42％、1時間後に56％、1日後には74％、1カ月後に79％が忘れるとしています。

このことから、意味のない（≒社員にとって興味がない、関心が持てない、優先順位が低いなど）情報については、直後に半分近くが忘れてしまうということが分かります。

そこで、「不案内」の解消策としては、当日や翌日の早い段階で、追加情報を配信する。あの手この手で、何度もアプローチをする。興味・関心が湧くように、分かりやすいネーミングをするなどが挙げられ、実際に効果を挙げている企業が多く見られます。

②「機能」の説明ではなく「効果」を提示する

先ほどの「エビングハウスの忘却曲線」でも出てきましたが、新たな人事施策を展開する場合、いかに「興味・関心」を持ってもらい、自分ゴトとして「優先順位」を上げてもらうかが、キーポイントとなります（表4－7参照）。

そこで重要なのは、人事施策の「機能」（あるいは手続き）の説明をするのではなく、その導入の「効果」を具体的にイメージしてもらうことです。

この点は、**営業とも共通しており、とかく、思い入れの強い商品・施策ほど、機能の説明を熱くしてしまい、かえって「不案内」を招いてしまうのです。**

例えば、「おきなわ企業魅力発見事業・Guts インターンシップ」において、自身が大きく成長したことから、「友人や後輩にも良い経験をしてほしい」と、修了生が主体となって、次回への参加を熱心に薦めてくれます。

ところが、思いが強過ぎるあまり、最初に「機能」説明をしてしまうため、Guts イン

表４－７　「効果」を伝えて関心を持たせる

	Guts インターンシップの場合	稟議決済のシステムを新たに導入する場合
機 能	５日間の事前研修と３日間×２社の企業実習のインターンシップ。	稟議申請は、ＷＥＢシステムのトップ画面の○○ボタンを押して……。
効 果	Guts に行くと成長する。プレゼンがうまくなる。時間管理ができる。	稟議決済のムリ・ムダが改善され、スムーズに行えるようになります。

ターンシップの「魅力」が伝わらず悩んでしまうことがあります。

そこで、学生に「レッドブルのＣＭって、何を伝えてる？」「翼を授ける！　このワードで飲むと元気になって、飛べそうな気がするでしょう？」と先に「効果」を提示している事例を伝えると、**「不」が解消されるため、パッと表情が明るくなります。**

その後は、「Guts に行くと成長する」「プレゼンに自信がつく」「時間管理がうまくなる」と効果を先に伝えるため、友人や後輩、教授が自然と耳を傾けてくれるようになるのです。

それは人事施策においても同様で、その点は次の③でご紹介する、株式会社サイバーエージェントの事例がとても参考になります。

③「しらけのイメトレ」で、「ポジティブ」に対応

株式会社サイバーエージェント取締役人事統括の曽山哲人さんは、**全ての人事制度は「流行らないと意味がない」と明言します。**

幸運にも、毎年沖縄で開催される「人材育成推進者養成講座」で、経験に基づいた多くの事例をお話しいただいています。

曽山さんのお話は、人事制度における「仕組みづくり」はもとより、人の心を動かす「仕掛けの方法」が素晴らしいと感じています。

名前の付け方は、そのユニークな「仕掛け」のひとつで、社員のみならず、社外の人でも「え！　何？」と思わず興味・関心を寄せてしまう「言葉の開発」に、こだわりをお持ちです。

例えば、「ｍａｃａｌｏｎ（マカロン）パッケージ」ですが、これは、「ママが（ｍａ）、サイバーエージェント（ｃａ）で、ロングに働く（ｌｏｎ）」からきています。

その他にも、「決断」と「経験」をセットにした「決断経験」という言葉があります。

このキーワード一つで、「人材の市場価値は、『決断経験』の量と質で決まる」という同社の強い思いが端的に伝わってきます。

そのサイバーエージェントですが、新しい制度やサービスを導入する前にも、ひと工夫しています。それが「しらけのイメトレ」です。

「今回の制度、なんだか○○じゃない？」と言って社員がしらけるシーンを人事メンバーがイメージして、以下のように「不」を解消する準備をするそうです。

■しらける人（男性・女性、若手・事業部長など）をイメージ。
■しらける人とセリフをセットにして、ホワイトボードに書き出す。
■しらける人に優先順位をつけて、具体的な解決策を考える。

徹底的に「ネガティブに考える」ことが、「ポジティブを生む」ことにつながるというのは、とても本質的な話で、いろいろなことに活用できそうです。

詳しくは、曽山さんの著書『活躍する人のセオリー　強みを活かす』（ＰＨＰビジネス新書）をご覧ください。

台風時に発生した「不」を集中的に解消

2016年に沖縄県を訪れた観光客数は約861万人。4年連続で過去最高を更新するなど好調が続いています。

その沖縄観光を陰で支えている会社の一つが、那覇空港での地上業務や飛行機周辺でのハンドリング業務を行っているANA沖縄空港株式会社（沖縄県那覇市／小林克巳・代表取締役社長）です。

同社ではかつて、新入社員（特に高卒社員）の定着という点で、大きな悩みを抱えていました。それを解決すべくスタートしたのが「エルダー制度」（新入社員と先輩社員を1対1で紐づけしサポートする制度。メンター制度ともいう）です。

一般的に、**高卒社員はアルバイトなどの社会経験の「不足」から、仕事自体よりも、職場の雰囲気や大人との距離感に「不安」を抱える方が多いものです**。また、サービス業では、新入社員であれ、その場での自身の判断を迫られるケースが多くあります。

それに加えて、同社が担う空港ハンドリングの業務では、自然の猛威である台風による欠航、機材トラブルによる遅延など、さまざまなイレギュラーが発生します。

そうすると、「快適」「便利」な空の旅が一転、「不快」「不便」「不安」をはじめとする「不」で溢れ、クレームにつながりやすくなります。

その際、ピリピリした現場で質問できず「不安」になる、クレームに対応する経験が「不足」しているなど、新入社員に発生した「不」を取り除く役割を果たしているのが「エルダー制度」です。

先輩社員は、新入社員が抱えがちな「私のやり方で合っているのだろうか？」「この仕事に向いているのだろうか？」といった「不」に対して、積極的に声掛けを行い、気軽に相談できるようにしています。


その上で、**台風時でクレームが増えたり、イレギュラー対応が多くなったりした直後に、集中的なフォローアップを行っています**。具体的には「今回のケースでは、○○さんの対応でＯＫですよ」「次回はこの点も付け加えると、もっと喜ばれますよ」といった形で、「不」を解消し、連鎖させないようにしたのです。その結果、新入社員の定着率が高まり、さらなる「快適」「便利」な空の旅を提供し続けています。

8 「能力×不透明＝実力低下」を解消する

① ゴールを提示し「やる気」に火をつける

「最近の新人は電話の取り次ぎ方を知らなくて……」といったご相談を受けることが度々ありますが、私は決まって**「環境の変化で、経験値**（通過儀礼）**などが少なくなっている。そして求められる能力も変わっている」**と答えるようにしています。

このケースでは、新人が悪いのではなく、家に固定電話がないなどの環境で育ったため、電話を取り次いだ経験が少ないという背景が考えられます。

そして、「ゴールが見えないと何もしない」「理論よりも方法を聞きたがる」「考えるより正解を探す」といったケースは、「検索エンジン」と「ナビゲーション」の普及によるものと考えられます。

検索をかければすぐに答えがみつかる、ナビに入力すれば最短ルートが分かるといった

「便利で快適過ぎる」環境で育てば、「面倒や回り道をしたくない」という思考が強化され、「答え教えて症候群」になりやすいのは当然のことかもしれません。

私自身も年間３００名を超える学生と、Guts インターンシップで真剣に触れ合うのですが、３年ほど前から「ゴールが描けたら行動が早い」「映像や格言を使うと反応がよく、納得感が高い」と見方を変えて、指導方法やカリキュラムを変えています。

実際、ある法人営業系企業では、「①飛び込み・電話アポ→②提案・見積→③受注・納品→④代金回収」というステップで、新人育成をしていたのですが、①あるいは②の段階から次のステップへ進めず、早期退職する新人が多くいたのです。

そこで、「③受注・納品→④代金回収」の後に、「⑤お客からのお礼」を加えて、ゴール（営業の醍醐味・仕事の楽しさ）を実体験し、イメージしてもらった上で、「①飛び込み・電話アポ→②提案・見積」となるように、順番を入れ替えたところ、新人の定着率が大幅に改善されたのです。

それればかりか、**管理職の新人育成にかかる時間が減り、本来のマネジメントに注力したことで、会社全体の業績も大幅にアップしました。**

②褒めるを「見える化」するバッジシステム

株式会社コーカス（沖縄県那覇市／緒方教介・代表取締役社長）は、ユニークなコンタクトセンター業の傍ら、沖縄の天然素材で製造した「首里石鹸」も販売する企業です。

同社は、一般的なコンタクトセンターが重視する効率性（どれだけ多くの電話を取り、多くの受注につながったか＝電話1回あたりの時間を短くする）とは一線を画し、「顧客にどれだけ喜んでもらえるか」や「顧客から何件〝ありがとう〟をいただけるか」にその価値を見出しています。

実際にトークタイムは、一般的なコンタクトセンターの平均である3分に比べて、コーカスは7～10分という数値となっています。

業界の一般的な価値観とは異なる「ユニーク」な取組みを推進し、それを「強み」にしていくためには、社員一人一人がその意味を理解し、行動し続ける必要があります。

そのために、同社では「CABAS（カバス）」という仕組みを導入しており、その最大の特徴は、「誉める」を「見える化」したところにあります。

具体的には、驚きや感動を生んだらもらえる「アメージングバッジ」は、「行動指針1：私は、『ありがとう』を超える『驚きと感激』を提供します！」に連動しています。

他にも、失敗をおそれずに挑むともらえる「挑戦バッジ」は、「行動指針4：私は、新しいを創ります」に連動するなど、12の行動指針に対し、現在は20のバッジが存在します。

スタッフが互いに、クラウドサービスを利用して気軽に「バッジ」を贈り合えるところが重要で、それこそ「今朝の挨拶が爽やかで気持ちよかった！」と感じたら「行動指針2：私は、また会いたい！　と思われる人になります」のバッジを贈るというものです。

「誉め合い」の数が増えれば増えるほど、社内での「心理的安全性」が高まり、「行動指針」も浸透、まさに一石二鳥（「職場の基礎代謝」のアップも入れると一石三鳥）ともいえる「CABAS」では、年間約3万6000枚のバッジが流通しています。

このことは、1日100回以上の「ありがとう」や「喜び」が会社にあふれていることを意味しています。

なお、同システムはコンタクトセンター・アワード2015（主催：株式会社リックテレコム／コールセンタージャパン編集部）で審査員特別賞を受賞しています。

③ 業務進捗を「オープン」にし、多様な「働き方」を実現

オリックス・ビジネスセンター沖縄株式会社（沖縄県那覇市／井戸洋行・取締役社長）は、経理・総務といった間接業務ではなく、オリックスグループの営業（リースや与信の申込み対応、レンタカーの予約業務、生命保険の顧客対応等）に関わる業務を担っています。

社員数約８００人（２０１７年現在）のうち、女性が９割という同社では、これまでにさまざまな取組みを行い、「働き方改革」の先進事例企業としても注目を浴びています。その契機は、２００９年からの「ＥＣＯまるマネジメント（いい効率ゆいまーる）」での取組みです。

「ゆいまーる」とは、沖縄の方言で「助け合い」を意味し、チーム間の助け合いで、業務の生産性向上を目指そうとするものでした。

互いの助け合いを促進するには、「チームや社員間の業務内容、要した時間の把握が必要である」という考えのもと、実際の業務の書き出しからスタートしています。

次に、「どの社員が、どの作業に対して、どれぐらいの時間を要しているのか」を計測・分析することで、繁忙期と閑散期との差、仕事内容とスキルのミスマッチなどを明確にす

ることに成功しました。

その結果、繁忙期と閑散期が逆のチームが存在すれば、事前に互いのスキルトレーニングを実施し、協力体制を構築するなどの対応が取れるようになりました。

加えて、2014年に導入した業務計測ツール「ECOまるアーツ」では、「当日の業務量の予測と実際の処理件数」や、同社の仕事の分類指標である「X時間：直接業務にかけた時間」「Y時間：会議や朝礼などにかけた時間」「W時間：他のチームを応援している時間」などを簡単に把握することが可能となっています。

このルールにより、**「忙しい」「困っている」といった「不」を抱えている人を把握しやすくなり、オープンな気持ちで、能動的に「手伝う」という文化が醸成されています。**

これら、さまざまな取組みを継続・発展させた結果、2015年には就業時間の40分短縮（18時から17時20分終業へ）、そして2018年4月からは、さらに20分短縮（17時終業）を実現。その他、在宅勤務制度やフレックス勤務制度、1時間単位の有給休暇制度を毎月約200人が利用するなど、「業務のオープン化」と「ゆいまーる精神」で多様な「働き方」を実現しています。

＊『60の先進事例で学ぶ 本当の働き方改革』（日経BPムック）をもとに筆者改変。

企業ドリプラで、社員を「魅せる化」する

経営理念や行動指針、ビジョンやミッションやバリューなどを「見える化」する際、経営陣や広報・人事担当の該当部署がプロジェクトチームを組み、外部の広告代理店などのプロフェッショナルの協力を得ながら進めていくのが一般的です。

そうして、でき上がったホームページやパンフレット、映像やカードなどは、「新卒採用ツール」や「新規開拓ツール」など、主に社外向け（顧客・市場向け）として活用されており、社内（社員）に対して活用されているケースが少なく感じます。

ここ沖縄では、**「ドリームプラン・プレゼンテーション」（通称ドリプラ）を活用することで、**社外そして社内の両方に対して、**経営理念などを「見える化」し、さらに社員を「魅せる化」する取組みが効果を発揮しています。**

事実、「沖縄県人材育成企業認証制度」において認証企業となった30社のうち、約3分の1にあたる9社がドリプラを活用しており、2017年6月11日に開催された沖縄ドリプラ2017には、5社が参加しています。

ドリプラとは、自立型人材の育成、組織活性化や新規事業立上げ、地域活性化支援

の専門家として活躍する株式会社アントレプレナーセンター代表取締役社長の福島正伸氏が手がける、「感動と共感のプレゼンテーション大会」です。

「人をやる気にさせる」がモットーの福島氏の著書としては、『真経営学読本』(きんざい)『メンタリング・マネジメント』(ダイヤモンド社)などがあり、いずれもお薦めです。

ドリプラは、同社が主催する世界大会(東京)の他に、**各主催者の特長を生かして、さまざまな地域・業界・年代をテーマに日本各地や海外の約20カ所以上で開催されています。**

沖縄では、沖縄人財クラスタ研究会が主催し、今年6月2日で9年目の開催を迎えます。おかげさまで今では、来場者が８００名を超える規模へと成長しました。

ドリプラは、起業家育成・自立型人材育成の観点から、新しく事業を立ち上げる起業家などが、文字どおり「夢のプレゼンテーション」をする場です。約3カ月にわたる相互支援会などを経て、本番のステージでプレゼンをする仕組みとなっており、「自立・創造」「感動・共感」「相互支援」が3大テーマです。

当法人主催の沖縄ドリプラでは、本大会の3大テーマに加えて、沖縄大会独自の

「キャリア自律支援」「万国津梁《しんりょう》（＝世界の架け橋）」「地域活性化」を掲げてハイブリッド型（沖縄方言でチャンプルー型）で展開しています。

運営においては、学生実行委員（主に前出の「Gutsインターンシップ」の修了生）がメインとなり、**「社会人の夢を学生が応援する」というスタイルです。**

プレゼン当日までの約3カ月の相互支援会（お互いのプレゼンを2週間に1回進捗報告する会）において、良い意味で「社会性が少ない」学生実行委員が大活躍します。

社会人は、プレゼンターの「夢への思い」や「制作の大変さ」を推し量って、「不自然」や「不明瞭」なところがあっても、意訳で理解しようとします。

結果、それが「仇《あだ》」となってプレゼンそのものだけでなく、プレゼンター本人の意識自体にも「不」が残りがちになります。

それに比べると、学生実行委員には、「今のプレゼンは、前後につながりがないと思います」とか「○○という専門用語を使われると、よく分からないです」と事務局である私たちが、ヒヤヒヤするほどに、ズケズケと物申す「手厳しさ」があります。

学生がスッキリと理解できるプレゼンは、社内外の「誰にでも伝わるプレゼン」と

なります。その結果、多くの「不」を解消し、「職場の基礎代謝」を高めることにもつながります。

沖縄ドリプラにおいて「夢」を語った多くの皆さまは、その後、自身の生き方に「リーダーシップ」を発揮し、会社だけでなく地域社会においても、活躍の場を広げています。

また、プレゼンターを毎年輩出している企業は、ビジョンと人材像がリンクすることで、社員が「イキイキ」と実力を発揮できるようになっています。

これは、ドリプラの活動を通して、①ビジョンが「見える化」される。②社員の行動が「言える化」される。③その他、多くの「不」が解消される。まさに「職場の基礎代謝」がアップしたことで、「ご機嫌」な職場へと変貌を遂げているのです。

そして何より、**社員が魅力的に輝くことによって、会社の「魅せる化」が促進され、定着力や採用力もアップしているのです**。

＊ https://www.human-okinawa.org/drepla-okinawa/
沖縄人財クラスタ研究会のホームページで「ドリプラ」プレゼン動画をご覧いただけます。

9 「能力×不自由＝実力低下」を解消する

①「固定観念」を捨てて、「自由」を手に入れる

辞書で「不自由」を調べてみると、「必要な条件が不足したり、欠けたりしていて、思うとおりにならないこと。不便なこと。また、そのさま」とあります。

つまり、私たちが描く理想や願望、つまり、「べき」や「はず」が、叶っていない状態にあり、イライラしやすいともいえます。

社会には、さまざまな経験や長い歴史から生まれた「固定観念」があります。例えば、業界ルールや会社の慣習などがありますが、**それがあまりに強過ぎると、時代や地域が変わった途端に、「不自由」のタネとなってしまいます。**

今、とある一冊の本『生きる職場　小さなエビ工場の人を縛らない働き方』（イースト・プレス）に描かれている株式会社パプアニューギニア海産が注目を浴びています。

同社は、大阪府茨木市にあり、冷凍の天然エビを原料として、むきエビやエビフライなどのお惣菜を作っています。従業員数はパート9名と社員2名の11名です。

注目を集める理由は、パート従業員全員が「好きな日・時間に出勤し、好きな時間に退勤する」フリースケジュール制度のもとで、イキイキと働き、業績を上げているからです。

もちろん、**「フリースケジュール」ですから、欠勤、遅刻、早退、残業という概念も存在せず、さらには「嫌いな仕事はやってはいけない」という禁止事項もあります。**

この「固定観念」を取り払い、極めて「自由」で「新しい」働き方にたどり着くまでの想いは、同書の著者であり、同社工場長の武藤北斗さんの言葉に集約されています。

『2011年3月11日14時46分、東日本大震災。石巻のエビ工場と店舗は津波で全部流された。ジレンマのなか工場の大阪移転を決意する。人の生死を目の前にして考えたのは「生きる」「死ぬ」「育てる」などシンプルなこと。そしてそれを支える「働く」ということ。自分も従業員も生きるための職場で苦しんではいないだろうか。そんななかで考え出したのが、「フリースケジュール」という自分の生活を大事にした働き方だった』

＊『生きる職場　小さなエビ工場の人を縛らない働き方』を筆者要約。

② フリーアドレス成功のカギは「自由度」にあり

近年、「組織内コミュニケーションの活性化」を目的として「フリーアドレス」を導入をする企業が増えています。フリーアドレスとは、「職場でスタッフ一人一人に固定した席の割り当てをしない」「仕事の状況に応じて、空いている席やオープンスペースを自由に使う」というオフィスの形態のことを指します。

しかし、**フリーアドレスを導入しても、いつの間にか部署同士や気の合うメンバー同士で席が固定化してしまう**などの問題点があり、当初の目的である「組織内コミュニケーションの活性化」に達しないケースも多くあります。

そのような中、カルビー株式会社ではフリーアドレス導入に際し、ユニークな「仕組み」で効果を挙げていることで知られています。*

同社の工夫として、会長と社長の座席は、オフィスの中央に配置（出社しているか、忙しそうかなどが分かる）。部署ごとの仕切りを撤去（フラットな空間づくり）。キャビネットは低めに設置（キャビネット上で、パソコンや資料を広げて打ち合わせ）……などがありますが、その最大の特徴は、座席を決める「ダーツシステム」という「仕組み」にあります。

「ダーツシステム」とは、オフィスの入り口に設置されている専用のパソコンで、「コミュニケーション席」「ソロ席」「集中席」の中から、**その日の仕事の状況や気持ちなど条件に沿った働き方に合わせて選択すると、自動的に座席が決まるという「仕組み」**です。

これであれば、「今日は、仕事が立て込んでいるので集中したい」や「今日は余裕があるなー。新しい人と隣になるかな？」といったスタッフの「気持ち」にも配慮できますし、フリーアドレスという名の「ゆるやかな固定席」となるのを防ぐことができます。

さらに、それぞれの席には、以下のようなルールがあり、1日に2回は席替えが必要になっているところもポイントです。

- **コミュニケーション席**：4人席でコミュニケーションが取りやすい（最大5時間）
- **ソロ席**：仕切りがあってひとりで集中できる（最大5時間）
- **集中席**：電話・私語が禁止でさらに集中できる（最大2時間）

＊ CAPPY「本気で働き方改革！　決意を表すカルビーのオフィスに潜入」を筆者要約。
https://cd.zeroin.co.jp/cappy/calbeeofficetour/

③「従業員の満足」より、「従業員の成功」に目を向ける

スタッフの定着について考えてみたとき、ＥＳ（Employee Satisfaction：従業員満足）が、よく取り上げられます。

ＥＳ（従業員満足）とは、「従業員がどれだけ会社、仕事に満足しているか」を意味しており、一般的に、従業員の労働環境・労働条件（≒働きやすさ）を満たすことにより向上し、ひいては業績の向上などを期待するものです。

特に、従業員がお客さまと対面することが多いサービス業の場合で考えると、従業員がどのようなモチベーションや態度で業務に臨み、お客さまに接しているかがＣＳ（Customer Satisfaction：顧客満足）に影響を与えます。

しかし、このＥＳ（従業員満足）は衛生要因として考えられ、その良い環境に慣れてしまうと効果が薄れることが分かっています。

このＥＳ（従業員満足）に不足している点を補いつつ、企業も従業員も「Win-Win」になる考えとして当法人が提唱しているのが、第2のＥＳ（Employee Success）です。

一般的には、「働きやすさ」に対する「働きがい」とされる部分ですが、それを「成功」（成長、自律、幸福、感謝、自分らしさなど）という、より自由な発想で捉えています。

当然のことながら、それぞれに「成功」の定義が異なるため、上司と部下が面談などを通して互いに「認識を共有する」ことが大切です。

上司が部下の「成功」を約束すること、そして、会社全体として支援し続けることで、従業員の「能力の伸長」や「実力の発揮」を促すことができます。

このことは沖縄ヤクルト株式会社と同じく、複数年にわたって沖縄ドリプラへプレゼンターを輩出しているエイアンドダブリュ沖縄株式会社（沖縄県浦添市／平良健一・代表取締役社長）が実践しています。

日本で最初のファストフード店として1963年の1号店開店以来、「エンダー」の愛称で県民に長く親しまれている同社は、**毎年のプレゼンターに若手の次世代リーダー候補を抜擢しています。**

夢の舞台での「成功」を全社員が全力でサポートし続けた結果、毎年のプレゼンターが「店長」へと成長するという良い流れが続いています。

おもちゃのブロックで「自由度」を高めるメソッド

「レゴ®シリアスプレイ®メソッド」を活用したワークをご存じですか?

私自身もファシリテーターの資格を有しており、「経営理念の浸透」「リーダーシップの開発」「キャリアデザインの促進」「プロジェクトのキックオフ」などの企業研修やコンサルティングで目的に応じて活用しています。

これは、皆さまご存じの「おもちゃのブロック」を活用して、**「遊び心満載にまじめな話をする」という、文字どおり「シリアスプレイ(Serious Play®)」なワークで、「対話型」のコミュニケーションにあたります。**

例えば経営理念が「お客さまのためにより良いサービスを」だったとします。毎日の朝礼で唱和し、理念や指針を書いたカードも胸ポケットに入れている。しかし、そもそもスタッフ個々人の「お客さま」や「サービス」の捉え方に、バラツキ(不揃い)があると浸透していかないということがあります。

実際に、沖縄県人材育成企業認証制度においても、認証企業と未認証企業の差はここが一番大きいと考えられます。

そこで、経営理念や行動指針におけるスタッフ間の「バラツキ（不揃い）を認識する」こと、そしてそれを調整するだけでなく、**お互いに腹を割って意見を交わすことで「納得解を導き出す」ところにおいて、このワークが効果を発揮します。**

例えば、「あなたにとって良いお客さまとは」という問いに対して、Aさんは「人がお金をもってお店を訪れる様子」を「おもちゃのブロック」で表現し、「リピートしてくれるのが、良いお客さまです」と語ります。

それに対して、他のメンバー（部署・役職問わず）が「リピーターってどれくらいから？」「嬉しかったリピーターさんとのエピソードは？」と具体的に質問を繰り返し、掘り下げを行っていきます。

一方、B課長は「自身が頭を下げている様子」を「おもちゃのブロック」で表現し、「会社のために厳しいアドバイスをいただけるのが、良いお客さまです」と語ります。

ここでも、他のメンバー（部署・役職問わず）が、「いつ頃から、厳しいお客さまを良いお客さまと捉えられるようになったんですか？」「アドバイスの具体的な内容は？」と掘り下げます。

このワークの場合、Aさんから「課長は、アドバイスしてくれる方を良いお客さまと捉えていました。役職が上がると、会社全体を見る必要があるんですね。私も、自分のことばかりでなく、常に目線を上げて全体を考えたいと思います」といった感想が出てくることがあります。

この場合、**「理念の浸透」や「社員の相互理解」だけでなく、「若手の育成」にも効果が及んでおり**、とても良い時間と空間が広がっている状態です。

その他にも、「プロジェクトのキックオフ」においては、ワークの前半から中盤で「プロジェクトの社会的意義」や「不足しているリソース」などについて相互理解を深めつつ、納得解を導き出します。

その上で、ワーク終盤に、「このプロジェクトを通して、どんな成長を遂げたいですか？」あるいは「どんな夢の一歩を踏み出したいですか？」という問いを出し、それぞれの「成長」や「夢」を共有するようにしています。

紙で行う研修では、ここで終了となるケースが多いですが、ここからが、自由に着脱可能な「おもちゃのブロック」の利点を最大限に生かす場面です。

お互いの「成長」や「夢」を表現した作品を連結し、全体で一つの作品とします。

そして、全ての社員が、お互いの「成長」や「夢」を支援する「メンター」となり、メンターカードに記入して、激励のメッセージを読み上げて手渡します。

部署・役職・年齢に関係なく、イコールパートナーとして、「My Dream」を「Our Dreams」とし、実現していくことを約束する瞬間です。

実際に、株式会社国際旅行社（沖縄県那覇市／与座嘉博・代表取締役社長）の50周年記念研修でも、全社員で一つの「夢」を作り上げ、その後の会社の成長に大きな効果を発揮しています。

長い講師経験上、このワークは、互いの目線が「おもちゃのブロック」に集中しており、互いの目を見て話さなくてもよいのが大きなメリットだと感じています。

普段は、恥ずかしがり屋であまり話さないスタッフも心の内を話してくれますし、面と向かって聞きづらいことも、スムーズに質問できるという効果があります。

興味のある方は、ファシリテーターを養成しているロバート・ラスムセン・アンド・アソシエイツ（http://www.seriousplay.jp/）へお問い合わせください。

第4章
コラム

あなたの中に「なぜ？　何？　坊や」はいますか

子どもの頃は、好奇心を持つことが自然で、「なぜ空は青いの？」「なぜ海の水は塩辛いの？」と次々に質問をしてきます。

あまりに「なぜ？　何？　坊や」状態が続くと、ちょっと困ってしまいますが、大人の発想力を飛び越えて、例えば**「なぜ上の（上野）動物園はあるのに、下の動物園はないの？」と質問されると、憎めないところがあります。**

子どもの「素直」な心から生まれる「なぜ？　何？　坊や」状態は、知識や経験が増えるのに反比例して、次第に薄れていくようです。

ところで、世の中で成功を収めている方の多くは、子どもと同じ「なぜ？　何？」が続いているように感じます。

当のご本人ではなく、その周囲の方々にインタビューをすると、「うちの社長は子どもみたいなところがあって」「あの無邪気な笑顔で頼まれると断れなくて」「すぐに人を信じて、意気投合しちゃうから、時々心配になります」といった具合です。

「子ども」「無邪気」「信じる」——どうやら「素直さ」というのは重要なキーワードのようです。子どものような「素直」さを取り戻せたら、どんなに楽しいことでしょう。

あなたの中に、「なぜ？　何？　坊や」はいますか。

第5章

「職場の基礎代謝」を上げる次なるステップ

1 「職場の基礎代謝」のセカンドステップ（内・外・筋）

これまでお伝えしてきた「不」を解消するためのさまざまな方法は、「マイナスの状態を通常に戻す」あるいは「マイナス状態からプラスに転じる」までの、いわばファーストステップでした。

ここからは、セカンドステップとして「通常からプラスの状態」あるいは「プラス状態から、さらにプラスの状態」にする方法について考えていきます。

「職場」という言葉は意識せず、**私たち個々人の「基礎代謝」を高める、というように考えてみると、非常に多くのヒントが得られます。**

まず皆さまの、「基礎代謝」を高める方法（≒ここでは、簡単に体温を上げる方法）には、どのようなものがあるかを考えてみましょう。

次の3つを思い浮かべる方が多いのではないでしょうか。

①身体を内から温める：皆さまに、知識や心得があり、折に触れて行う。

例 朝起きたら一杯の白湯を飲む、風邪の引き始めにショウガや辛いものを食べるなど。

②身体を外から温める：皆さまが、「自然と」あるいは「本能的」に行う。

例 寒い時期に手を擦り合わせて温める、温かいお風呂に入るなど。

③身体の筋肉を動かす：皆さまが、健康のために意識して行う。

例 ウオーキング、筋トレ、ストレッチ、深呼吸など。

普段から、**私たちが「基礎代謝を上げる」ために行っている多くのことは、職場にもアレンジできます。**

次節からは、これらのヒントを「職場の基礎代謝」流にアレンジした上で、複数の企業で実践し、大きな効果を得たものをご紹介していきます。

2 内から温める――組織活性化型のインターンシップを受け入れる

白湯を飲む、ショウガを食べるなど「基礎代謝」や「体温」を高めるため、身体の中に「何か」を取り入れることは、多くの方が実践していることと思います。

「人（身体）と法人（企業）は似たメカニズムである」とする「職場の基礎代謝」では、この「内から温める」も同じように考えることができます。

私たちの所属する中小企業家同友会などの各種経済団体では、新卒採用についての議論で数多く出るテーマがあります。

それは、**「会社が成長しているから新卒を採用できるのか」「新卒を採用するから会社が成長するのか」**です。

毎年、職場に配属される新入社員が、大きな声で挨拶したり、目をキラキラさせていると、既存社員の中に「今年も元気な新人が入ってきたな、こっちも負けてられない！」「私も若い頃はキラキラしてたなー。初心に帰ろう！」といった気持ちが生まれます。

組織においても個人においても、この「初心に帰る」機会は重要で、多くの「気づき」を与えてくれるとともに、「職場の基礎代謝」を高めるのに効果を発揮します。

しかし、「毎年、新卒採用ができる大手」や「学生に人気のある企業」であればよいのですが、新入社員が毎年入社するわけではない企業も多くあります。

そこでお薦めしたいのが、「組織活性化型のインターンシップ」です。現在の日本における一般的なインターンシップとしては、①大学3年生を対象としたインターンシップ（実は採用につながっているケースが多い）、②CSRや社会貢献活動としてのインターンシップ（大学・高校からの依頼に対応）の2つのスタイルに大別されます。

簡単にいうと、「採用目的型」あるいは「貢献目的型」となっているところに、新たに「組織活性化目的型」を追加しようというものです。

「おきなわ企業魅力発見事業・Gutsインターンシップ」は、まさしくこの「組織活性化目的型」のインターンシップです。

このインターンシップは、沖縄県商工労働部雇用政策課の事業で、対象となる学生は、主に大学1～2年（場合によって3年生）です。当法人が事務局を務めており、今から6年前の2011年にスタートしました。

事業開始当時、その目的（組織の活性化）を企業にお伝えすると、「大学1～2年生だと、採用につながらないですよね」や「うちは、大学3年生か専門1年生の採用年次が対象だから」といった反応がほとんどでした。

その中でも、趣旨に賛同してくれた企業の皆さまのご協力やご紹介もあり、今では年間300名（県内150名・県外150名）の学生と県内外100社の企業が参加するインターンシップ・プログラムへと成長しています。ここで、企業の声を一部ご紹介します。

『学生を受け入れることで、まず、社内が明るく活性化されます。ハツラツとした学生の行動が社員に刺激を与えてくれます。**そして、興味ある業種・業界も定まっていない大学1～2年生に対して、事業のことを伝えるのは難しく、それを担当する若手社員にとって、大きな成長の機会となっています**』（医療機器商社・人事部長）

『当社では、入社2年目社員の育成プログラムとしてGutsを活用しています。入社3年目になるとメンター制度の教える側になるのですが、その1年手前である「入社2年目の際に、学生を3日間サポートする」という体験はとても貴重です。それもあって、新卒の定着率が大幅にアップしました』（製造サービス業・取締役）

Guts インターンシップは、毎年8～9月の夏休み時期と2～3月の春休み時期に実施するため、興味を持っていただいても時期が合わない企業もあろうかと思います。

Guts インターンシップでなくても、「組織活性化型」を目的として、受入れメニューを設計すれば、その効果を十分に得ることは可能です。

実際に、「女性が働きやすい職場」を目指している物流系の企業において、女子学生を3日間受け入れ、最終日に「女性が働きやすい職場に向けての改善提案」をプレゼンしてもらうことにしました。

すると、学生からは「冷蔵庫に飲みかけのものが、何日も放置されている」「ダラダラするなら、ラジオ体操はやめたほうがよい」という手厳しい意見・提案がありました。

学生の意見・提案は小さなことでしたが、それをきっかけとして、複数の女性スタッフから「私も前から言おうと思っていたんだけど……」と次々に意見が飛び出しました。

この瞬間、「職場の基礎代謝」がアップしたのはいうまでもありません。このように、フレッシュな学生を受け入れることは、組織の活性化にとって有益な手段の一つです。

＊おきなわ企業魅力発見事業・Guts インターンシップ　https://guts-okinawa.jp/

3 外から温める——他流試合型（異業種交流型）の研修を企画する

当法人が主催する研修としては、「他流試合型（経営者や人事担当者や営業部長など）」か「異業種交流型（観光・IT・福祉・金融・建設など）」を得意としており、階層別研修や職種別研修については、基本的に企画・運営をしていません。

これは、階層別研修や職種別研修も大切であることを認識した上で、**知識習得ではなく、行動変容（気づき↓行動↓習慣化↓定着）を第一の目的とするならば、外部から刺激があったほうが、その「気づき」の発生において、より有効的**と考えているからです。

図5-3は、人材育成推進者養成講座「企業文化診断（ダイアログマットなどの可視化ツールの活用）」の講義でも、お世話になっている土井哲さん（株式会社インヴィニオ／エデューサー兼代表取締役社長）に教えていただき、少しアレンジを加えたものです。

人の思考・行動特性（パーソナリティ）は、社会的役割（環境）および習慣（日常生活）に影響を受けやすいということが分かります。

図５−３　パーソナリティに影響を与えるのは、環境と習慣

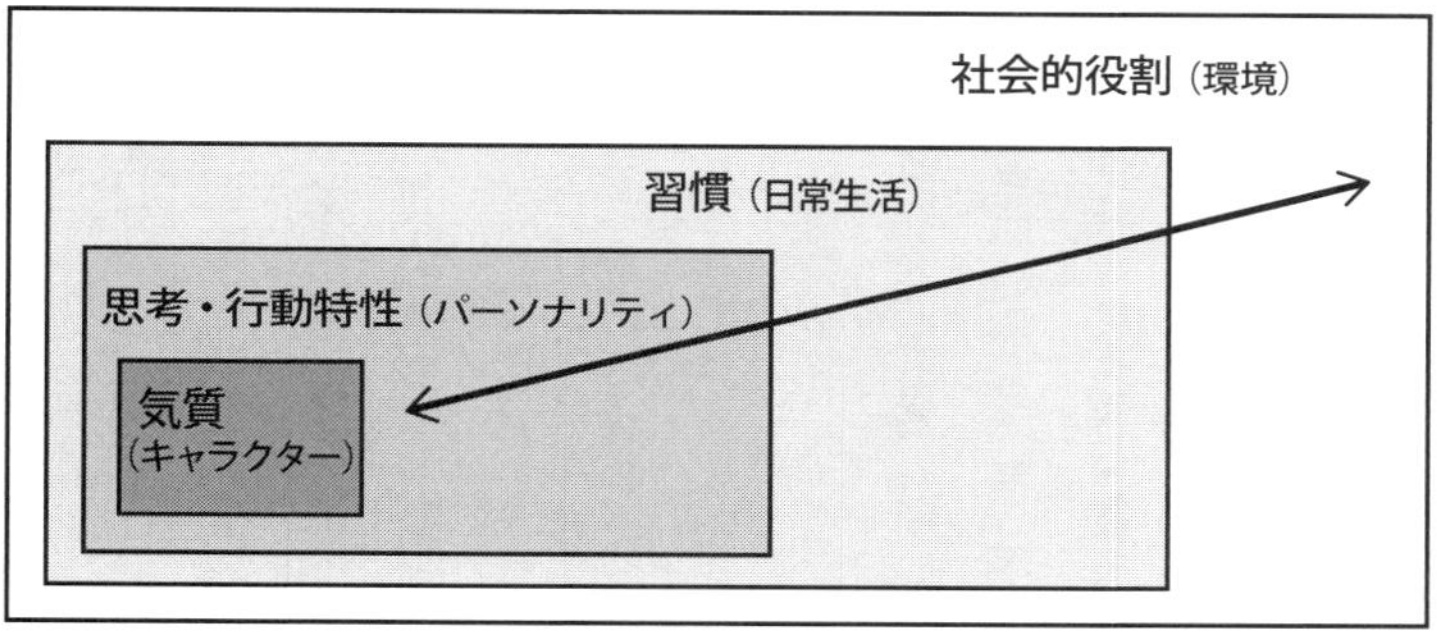

社会的役割（環境）**が、習慣**（日常生活）**に作用し、**
習慣（日常生活）**が、思考・行動特性**（パーソナリティ）**に作用する。**

＊「人材育成推進者養成講座」の土井哲氏の資料をもとに筆者改変。

　そして、同じような環境にいたり、同じような習慣を持つ人同士では、思考・行動特性（パーソナリティ）が、どうしても似かよってくることが考えられます。もちろん、それが企業風土や判断基準を醸成する一部ともいえるので、決して悪いことではありません。

　この点からも、同じ役職や部署内だけよりも、課長と若手、営業と開発という役職や部署を越境したほうが、違う立場での「意見」や「気づき」が、発生しやすくなります。

　また、**業種・業界を越えて、共通のテーマで研修をすると「そもそも」「本質的に」「一般的には」といった言葉に見られるように、より抽象度が上がった本質的な議論が発生し、**

研修の「基礎代謝」もアップします。

沖縄県人材育成企業認証制度と同時進行している「人材育成推進者養成講座」は、まさに、他流試合型と異業種交流型を掛け合わせたものになります。

同じ講義を受けても、経営者と若手の人事担当者で視点・視座が異なったり、現場側（人材を供給される側）と人事側（人材を供給する側）で意見が異なったりします。

さらに、人材の採用が難しい業種・業界ほど、早い段階から人材育成や組織活性化に注力しており、その経験やノウハウは、他業種・業界に役立つことが多いものです。

また、当法人では、毎年4月に3日間の「フレッシャーズ合同研修」と、10月に1日間の「ブラッシュアップ研修」の4日間をセットにした、新入社員向けの異業種交流型研修を主催しています。

半年ぶりに再会した時、**同じスタートラインに立ちながら、自分と違って大きく成長しているメンバーの存在に衝撃（大きな「気づき」）を受け、行動が変わっていくのです。**

さて、ここで重要なポイントですが、「他流試合型」や「異業種交流型」の研修であっても、その内容や企画を難しく考える必要はありません。

明治大学専門職大学院・野田稔先生によれば、**「研修設計には基本動作があり、その基**

本動作をおさえることで、効果的な研修に近づくことができる」といいます。

次に「人材育成推進者養成講座」で野田先生が講義した内容を一部抜粋し、お伝えします。

■**研修の基本形：**大きくは、「知識先行定着型」「体験先行納得型」「経験解釈内省型」の3つ。構成要素は、「講義&質問」「体験ワーク」「内省&共有」があり、その組合わせとなる。

■**プログラムの順序：**管理職研修では、経験解釈内省型＝「内省&共有」↓「講義&質問」↓「体験ワーク」、新人研修では、「知識先行定着型」＝「講義&質問」↓「体験ワーク」↓「内省&共有」がお薦め。

■**事前課題と後追いサポートが大切：**具体的には、事前課題の付与（写真を撮ってくる、エピソード収集）、受講者の後追いサポート（定期的なメール配信、社内での内容共有）

■**研修には「華」が必要：**研修の中に、「感情が動く」「記憶に残ること」を盛り込む。例えば、壁新聞（例：2020年1月1日　わが社の一面記事は何でしょう?）、焚き火をたく（炎に心が解放され、心のうちを話せる）など。

4 筋肉を鍛える——月8日の出向（サーキットトレーニング型）を経験する

当法人が提供するサービスの中でも、特に効果が高く、好評なのが3年前からスタートした「出向8（シュッコウエイト）」です。複数の筋トレ種目を休憩なく（あるいは短い休憩を挟みながら）行う「サーキットトレーニング」からヒントを得ています。

通常の出向は、技術やノウハウの習得のため、半年〜1年といった期間で、長期的に会社を離れ、出向先に勤務しますが、「出向8」は、その名のとおり、6カ月間にわたって月に8日間（週2回×4週など）だけ、当法人に出向する形です。

まさしく、自社と当社を行ったり来たりしながら、異なる業種・業界の業務をこなすため「サーキットトレーニング」型といえます。

対象となるのは、**「役職者になったものの、マネジメント業務がうまく回らない方」**や**「人事に配属されたものの、組織開発や人材育成は初めての方」**などで、基本的には係長〜課長クラス（場合によっては、幹部候補や部長職も）を引き受けています。

出向した日については、「自社からのメール・電話に対応するのはNG」としており、前日までにきちんと業務の引き継ぎをする必要があります。

また、6カ月間の「出向8」での目標を定めて、組織活性化や人材育成のプランニングを行い、軌道修正を行っていきます（PDCAサイクルを回す）。

具体的には、例えば部下の育成に課題を抱えている課長職の方の場合でいうと、火曜日に「部下と面談する際のポイント」を伝えて、水曜日に自身の会社で実施、木曜日に当法人でその結果報告と、次回への対策を伝えます。これを月に8回繰り返していきます。

また、競合他社以外の研修や打合わせには、極力、同行していただくため、**「業種・業界は変わっても、人材育成や組織開発の本質は変わらない」という理解が促進されます。**

これも「他流試合型（異業種交流型）」の良さです。

「出向8」を修了した皆さまは、その後しっかりと「時間と人材のマネジメント」ができるようになり、活躍の幅を広げています。

この仕組みは、信頼関係がある2社同士であれば実施可能なものですので、ぜひいろいろな企業で企画・実施していただけると嬉しく思います。

5 社長は頭、本社は心臓、管理職は筋肉、社員は骨と考える

「身体（人）と企業（法人）は、似た仕組みで動いている」というコンセプトからスタートした「職場の基礎代謝」ですが、いかがでしたでしょうか。

1年前までは難しく考えていた私の経験からいっても、会社組織を身体構造になぞらえるなど、とにかく「シンプルに考える」ことが大切です。ここでは企業を全身に例えて考えてみます。

表5－5のように、**経営者を「頭」**として捉える考え方は多く取り入れられているため、イメージしやすいかと思います。その他にも**本社を「心臓」、管理職を「筋肉」、社員を「骨」**と考えると分かりやすいのではないでしょうか。

しかし、これは私なりの捉え方ですので、皆さまの職場の中で「頭にはこういった特徴があるよね！」「肌を現場の社員として捉えるとどうなる？」「若手（骨）の成長スピードに、管理職（筋肉）がついていけてないから、成長痛が起こっているんじゃない？」といった、「対話型」で取り入れていただきたいと思います。

表5－5　会社を全身に例えて考えてみる

頭	**経営者を「頭」**として捉える。基本的な指令は頭脳から発信される。 ⇨ 世の中の情報をキャッチし処理するが、頭だけでは機能しない。
心臓	**本社を「心臓」**として捉える。情報・栄養・熱量などを末端まで届ける。 ⇨ 圧力をかけ過ぎると、身体のさまざまな場所に支障をきたす。 ＊ 中小企業の場合は、経営者が「頭」と「心臓」を兼ねる。
筋肉	**管理職を「筋肉」**として捉える。筋肉が動いて、身体の機能が発揮される。 ⇨ 鍛えることが大切だが、時折「筋肉痛」も発生するため、適切な休息が必要。
骨	**社員を「骨」**として捉える。会社を支えて守る上で、とても重要な役割。 ⇨「骨」が急激に成長すると「成長痛」が発生する。負荷が大きいと折れる。

きっとそこから見えてきた、さまざまな「不」を解消することで、「職場の基礎代謝」アップへとつながります。

多くの方が**「自分の能力を発揮したい」「自分の能力で社会に貢献したい」と感じているのに、その能力を十分に発揮できない「組織」や「社会」であるならば、とてももったいないことです。**

実際、**「社員の能力×職場の基礎代謝＝会社の実力（組織の生産性）」**で、沖縄の企業が変わりつつあります。

ぜひ、あなたの会社でも「職場の基礎代謝」を取り入れてみてください。

第5章
コラム

応援団スピリットが「職場の基礎代謝」をアップする

「楽しくなければ、やったところでしれたもの」と子どものような無邪気さで、熱く語るのは、小岸弘和氏（東京都港区／株式会社ディアーズ・ブレイン代表取締役）。

同社は、ハウスウェディング事業を中心に「OPEN DOORS!!」の理念のもと、ブライダル業界で新しい扉を開け続けています。

もう10年近く、沖縄の学生を首都圏へのGutsインターンシップ（前身となる観光核人材育成事業含む）で派遣した際には、応援団出身である小岸社長からの「熱いメッセージ」に、学生だけでなく、私も元気をいただいています。

その小岸社長が、数年前から取り組んでいるのが、ワタベウェディング株式会社の活性化支援です。特に、沖縄ワタベウェディング株式会社では代表取締役社長も兼任し、２０１７年10月には、晴れて「沖縄県人材育成認証企業」となっています。

同年11月7日に開催された「沖縄県人材育成企業シンポジウム」において、同社における一連のV字回復のカギをうかがったところ、大きくは「求める人物像（＝行動）を明確にする」「学園祭前夜のワクワク感を大切にする」「成長し、結果を出した社員を全力で讃える」というものでした。

まさに、「不の解消」と「やる気スイッチ」の組み合わせであり、**「社員の能力×職場の基礎代謝アップ＝会社の実力（組織の生産性アップ）」**に当てはまります。

これらを具現化し、そして、同社にとって1年で最も大切なイベントと位置づけているのが、「全社キックオフミーティング」です。この1年間の「振り返り」と次の1年へ向けての「未来戦略」を全社員で共有し、頑張ってきた社員を部門別コンテストや社員表彰という形で「個」や「チーム」で讃えています。

2004年9月6日に初めて開催された際は約70名であった全社キックオフですが、今年の1月30日に開催された際には、700名を超える規模となりました。

これからも「職場の基礎代謝」が高さが際立つ、ディアーズ・ブレインとワタベウェディングから、目が離せません。

第6章

「職場の基礎代謝」サクセス・ストーリー

——各社の取組みと効果

1 「恋する空港」物語が社員の意識を変える
——ANA沖縄空港の場合

多くの方が仕事や旅行で利用する空港。しかし、その空港自体に「恋」をしている方は、どれほどいるでしょうか。**「沖縄」に「恋」をしているならまだしも、沖縄の玄関口「那覇空港」に「恋」をしている人となると、多くはないはずです。**

その、那覇空港のハンドリング業務をしているANA沖縄空港株式会社（当時は、株式会社エアー沖縄／株式会社グランドシステム沖縄、後に統合）では、2014年の沖縄ドリプラをきっかけとして、ある取組みが生まれました。それが「恋する空港」物語です。

空港で働くスタッフの多くは「お客さまに喜んでいただきたい」「安心な空の旅を提供したい」「快適で便利な旅行のお手伝いをしたい」という気持ちを持っています。

しかし、ピーク時期やトラブルの際には時間との闘いとなり、那覇空港だけでなく、多くの空港のスタッフの中で、気持ちの余裕や心のゆとりがなくなり、いわゆる「こなし」

業務に陥ってしまうことがあります。

そうなると、時として「お客さまに喜んでいただきたい」という自分たちの「理想」とは、かけ離れた目の前の「現実」が展開され、「不一致」が生じます。

また、個人として「改善したい！」という「考え」があっても、組織として「改善できない！」という「固定概念」にとらわれていると、「不均衡」が生じます。

そこで、2014年の沖縄ドリプラに出場した金城達也さん（当時：エアー沖縄空港サービス部）の想いから生まれた**「恋する空港」という言葉**。

そして、翌年のプレゼンター・日高陽平さん（当時：グランドシステム沖縄グループ安全品質推進部）の**「日本一安全な空港」という言葉**によって、**この会社の「目指す姿」が改めて全社員に共有され、行動を変えるきっかけとなったのです。**

そこから『沖縄から日本、世界への観光・物流・ビジネスの一翼を担うことに誇りを持ち、「1名・1個・1便」に強くこだわり、お客様に選ばれる企業であり続ける』という理念に基づく取組みが実を結び、2016年には主要8空港における「お客さま満足度調査」において、8位から1位となる快挙を成し遂げています。

② 悩める工場長が「不の解消」と「内的動機」で復活
――某製造業の場合

「職場の基礎代謝」研修に参加した、ある経営者の悩みは、まさに、個人の「不」の連鎖から「不機嫌」が発生、そして「職場の基礎代謝」が下がり、会社全体のパフォーマンスが低下したケースです。

それに対して、「不」を解消するだけでなく、**対象者の「内的動機」にアプローチすることで「マイナス」の状態から「プラス」の状態にした事例をご紹介します。**

■ある経営者の悩み（対象者：工場長のAさん）

ものづくり一筋だった工場長のAさん。製造にかける情熱や技術に加えて、部下の面倒見もよく、信頼も厚い方です。

その実績が認められ、今期から取締役に昇格し、経営陣の一員となりました。そこで、今まで行っていなかった事業予算も担うことになりました。そのことに対して、「大丈夫か?」と社長が聞いたところ、「大丈夫です」とAさんからの回答もありました。

入社以来、初めての業務であり、Aさん自身もどちらかというと「苦手(不得手)な分野」ということもあったため、外部研修に参加してもらいながら、社長自身も経験やノウハウを伝えるなど、できる範囲でサポートをしました。

最初は、取締役に昇格したこともあり、「新しいことに取り組もう!」と張り切ってくれていたAさんですが、数カ月も経つと次第に元気がなくなっていきました。

近頃では、予算や数字の話になると「自信がなくて面白くない」「現場で、ものづくりに没頭したい」と愚痴をこぼすようになり、Aさんの顔から笑顔が消えています。

そして、**工場長時代のAさんの代名詞だったダジャレ交じりの「部下への積極的な声掛け」もしなくなり、部下とのコミュニケーション「不足」が原因なのか、伝達ミスによるトラブルが続発しています。**

Aさんも常に「不機嫌」な状態で、職場全体が「ギスギス」しています。

今回の工場長のAさんのケースを、職場に「不」が増える→「職場の基礎代謝」が下がる→スタッフが実力を発揮できない（＝組織の生産性が低下する）という観点で改めて分析してみると、次のようになります。

①Aさんが、経験と能力が**「不十分」**な事業予算のマネジメント業務を新たに担当する。
←
②予算や数字に関する経験や能力が**「不足」**しているため**「不安」**を募らせる。
←
③**「不十分」「不足」「不安」**が増えたため、Aさんの**「基礎代謝」が低下する。**
←
④Aさんの「基礎代謝」が低下し、**本来の「パフォーマンス」を発揮できなくなる。**
←
⑤さらに状況が悪化し、Aさんの**「不機嫌」が職場に広がり「ギスギス」する。**

この状況を改善すべく行った施策は、「不の解消」と「内的動機」の両面によるアプローチです。まず、工場長のAさんが「不」に感じているところをヒアリングした上で、いきなり高みを目指すのではなく、社長が求める能力・行動を「見える化」しました。

その上で、**12段階に区分けをし、1カ月に1段階ずつの1年間かけてゴールに到達するという目標を定めました。**

これにより、ゴールの「不明瞭さ」が解消されるとともに、1年の猶予期間が生まれ「不安」が軽減されました。

そして、Aさんの「社交動機」と「徹底動機」を活用して、懇意にしている会計事務所のBさん（職人気質なところがある）に、**予算管理や財務会計の「面白さ」と「奥深さ」についての、食事会というリラックスした場面で、レクチャーをしてもらうことにしました。**

それから半年後、Aさんは、社長が求める「能力・行動」を達成したばかりではなく、「数字に強い職人講座」と称して、社内勉強会を開催するようになったそうです。

3 社員から生まれた新プロジェクト「移動スーパー」ものがたり――沖縄ヤクルトの場合

２０１１年にスタートした沖縄ドリプラに、２０１３年から5年連続でプレゼンターを輩出している企業が沖縄ヤクルト株式会社です（今年も含めると6年連続）。

沖縄ヤクルトは、株式会社ヤクルト本社の販売子会社で沖縄県全域を管轄しており、**「地域に真心と笑顔を届ける健康応援企業」を経営理念に掲げ、第3の創業期としての革新を続けています。**

組織としては、ヤクルトレディが中心となってヤクルトなどの「乳酸菌飲料」をお客さまへ直接お届けする「宅配営業部」、店舗・学校や自動販売機などへの卸売り取引をする「直販営業部」があり、皆さまにも馴染み深いかと思います。

その他、化粧品やエステで美の健康をサポートする「化粧品営業部」、総務部・業務部からなる「サポート本部」と、従業員の満足度を上げる「ＥＳ推進室」があります。

表6－3　沖縄ヤクルトのプレゼンタイトルとプレゼンター

2013年	やりがいと笑顔が溢れる沖縄に！ ――直販営業部 主任・新垣文乃さん
2014年	健康を選ぼう！――ＥＳ推進室・木脇裕一さん
2015年	美容のチカラでどんな人にでも輝きと夢を！ ――化粧品事業部 次長・知念郁子さん
2016年	外へ出よう！　誰かと話そう！ ――宅配営業部 課長・田中泰子さん
2017年	月曜日に出勤したくなる会社！ ――宅配営業部・仲村亮磨さん

＊部署・役職は当時のものです。

沖縄ドリプラにおいては、表6－3のように部署や役職を横断する形でプレゼンターを輩出しています。

こうして、毎年「ドリプラ」に参画することにより、**社員を信じて夢を応援する会社の「姿勢」（不信任の解消）がより一層に際立ち、**そして、**会社が求める「人材像」が広く深く浸透（不明瞭の解消）していく**のが、事務局の目にも明らかです。

このうち、田中さんの2016年大会でのプレゼン「外へ出よう！　誰かと話そう！　移動スーパーがつくる人の輪　誰かと話せば、きっと心が豊かになる」は、沖縄はもとより、グループ内で話題となっています。なお、プレゼンのストーリーは次頁でご紹介します。

①**２０２６年、沖縄では４人に１人が65歳以上の超高齢社会となっている。**

②大型店舗ができる一方、町では、「ゆんたく（おしゃべり）」できるお店が減っている。

③ひとり暮らしの高齢者が孤立するのを防ぐため、コミュニティーの再構築が課題に。

④**ここに、お年寄りがイキイキと元気に暮らす街があり、その中心は「移動スーパー」。**

⑤「移動スーパー」には、買い物をする人もいれば、「ゆんたく」しにくる人もたくさん。

⑥夫の実家である沖縄へ移住したとき、自分には誰も知り合いがいないことに気づく。

⑦家計の足しにと始めたヤクルトレディ。県外出身者ということで壁を感じることも。

⑧やがて、お客さまの優しさに触れるたび、不安がなくなり、仕事も楽しめるように。

⑨沖縄には、「マチヤグワー（商店）」があり、そこで生まれる「ゆんたく」がたいせつ。

⑩商品をお届けすると「１日、誰ともしゃべらない」お年寄りが多くいることに気づく。

⑪**「身体の健康」だけでなく、「心の健康」のお手伝いをするのが私たちの役割。**

⑫マチヤグワーが減った今だからこそ、1対1の関係だけでなく、人の輪を広げたい。
⑬地域のスーパーと連携して、マチヤグワーのような「移動スーパー」をスタート。
⑭2026年、「移動スーパー」が到着する所には、たくさんの人の笑顔が溢れている。

＊ドリプラは未来完了形を中心に、過去・現在・未来を織り交ぜ話すことが前提です。

あるスタッフの小さな「気づき」が夢の舞台を通じて会社全体の「価値観」となり、社会を変える「原動力」になる。とても素晴らしいことだと感じます。

そして何より、同社の経営理念「地域に真心と笑顔を届ける健康応援企業」の一節である「〝ゆいまーる〟の心ともいえる〝人の優しさとふれあい〟を通じて地域社会に貢献し、沖縄中のお客さまから喜ばれ、お客さまの役に立ち、お客さまから必要とされる企業に日々成長していきます」を**スタッフ一人一人が、それぞれの現場や立場で具現化していこうとする姿に大いに感銘を受けます。**

「トップダウン型から、時間をかけて、ボトムアップ型の組織になってきた」と笑顔で語る沖縄ヤクルト・入井将文社長は、次の展開を見据えています。

4 「いつでも、どこでも」自由に働ける仕組み（ＷＡＡ）の挑戦
――ユニリーバ・ジャパンの場合

ユニリーバ・ジャパンが、２０１６年7月1日より導入した新人事制度「ＷＡＡ：Work from Anywhere & Anytime」が注目されています。

この「ＷＡＡ」（呼称：ワー）をはじめとする「新しい働き方」への同社の取組みについては、２０１７年6月12日に開催された「沖縄県人材育成企業シンポジウム」において、その推進をなさっている島田由香さん（ユニリーバ・ジャパン・ホールディングス株式会社取締役人事総務本部長）より、直接お話をしていただきました。

その内容は、まさに**「快適」「便利」「自由」「自然」かつ「らしさ」が溢れており、同社における「基礎代謝」の高さが際立っている**という印象を受けました。

ＷＡＡは、文字どおり「働く場所・時間を社員が自由に選べる制度」で、働き方の多様性を高め、社員一人一人が自分の能力を最大限発揮できることを目指しています。

また、成果につながらない時間を減らし、業務効率の改善を図ることで、生産性を高め、

図6－4　働き方の例：保育園に通う子どもがいる社員のある1日

6:00－ 7:00	子どもの起床前に会議の準備
7:00－ 8:30	朝の身支度・子どもと保育園へ登園
8:30－11:00	自宅で勤務・電話会議
11:00－12:00	昼食
12:00－15:30	自宅で勤務
15:30－20:00	保育園へお迎え～食事・入浴など
20:00－20:30	子どもが就寝後にメールチェック

■ この日の勤務時間：7時間30分

＊出典：ユニリーバ・ジャパンHP
（https://www.unilever.co.jp/sustainable-living/waa/about-waa/）

企業として持続的成長も目指す制度です。

「上司に申請すれば、理由を問わず、会社以外の場所（自宅、カフェなど）でも勤務できる」「平日の6～21時の間で自由に勤務時間や休憩時間を決められる」[*1]「全社員が対象（工場・営業の一部を除く）で、時間や日数の制限はない」といった内容となります。

実際の効果として、**「毎日の生活がよくなったと感じている（67％）」「幸福度が上がったと感じている（＋33％）」「生産性が上がったと感じている（75％）」「生産性が平均で30％アップ」「労働時間が減ったと感じている（29％）」**といった声が従業員アンケートに挙げられています。

＊1：1日の標準労働時間は7時間35分、1カ月の標準勤務時間＝標準労働時間×所定労働日数とする。

5 沖縄県の「人材育成企業認証制度」

第1章でもお伝えしたように、「沖縄県人材育成企業認証制度」の従業員アンケート及び従業員ヒアリングの際に感じた「認証企業は何をやってもうまくいき、一方、そうでない企業は良い状態が長続きしない」ということが、「職場の基礎代謝」を考える大きなきっかけとなりました。

その**「沖縄県人材育成企業認証制度」**では、以下でご紹介する**「働きがい5分野15項目」**が審査の中核基準になっています。

この「働きがい5分野15項目」とは、大まかにいうと、分野1がビジョンと人材像、分野2がコミュニケーションと人材育成、分野3が仕事と人材育成、分野4が人材育成投資、分野5が取組み姿勢の形成支援に分けられます。

これは、イギリスの「IIP（Investors in People）」やアメリカの「働きがいのある会社（Great Place to Work®）」などを参考に、過去の企業ヒアリングや従業員アンケート調査なども勘案し、沖縄県の特徴に合わせて、認証の要件を整理したものです。

沖縄県は以前より、「サービス業の比率が高い（サービス業に対応した人材育成が進化）」「夫婦共働き世帯が多い（世帯での収入、女性の活躍が前提）」「ライフデザインを重視する（人生あっての仕事というスタイルが基本）」という地域特性があったことから、今、**日本の多くの企業が抱える問題について、早くから取り組んできたともいえます**。

このことから、当制度の基本設計を手掛けた慶應義塾大学大学院の高橋先生は、沖縄県のことを「1周とばしのトップランナー」と表現しています。

さらに、アジアを視野に入れた企業が、まずは、沖縄県に拠点を設けて人材育成や組織開発でのノウハウを積み、その後、アジアへ本格進出するケースも目立ち始めています。今後、ますます**「サービス業化が進む日本」**、そして**「アジアへの展開をする企業」が増加するからこそ、ここ沖縄でのノウハウが生かされるといえるでしょう**。

なお、当「働きがい5分野15項目」ですが、各分野において、1－1、1－2、1－3となるにしたがって、「役職者から一般社員へ」「短期的から長期的へ」「取組みが簡単なものから、浸透が難しいものへ」というイメージで項目が設計されています。

もっと詳しく「働きがい5分野15項目」について知りたい方は、『ホワイト企業　サービス業化する日本の人材育成戦略』（高橋俊介著、ＰＨＰ新書）の第6章を参考にしていただき、ぜひ、自社の「職場の基礎代謝」アップの指標の一つとして活用してみてください。

〈働きがい5分野15項目〉

＊沖縄県雇用政策課により策定。

■分野1：ビジョンと人材像の実質化

1―1　ビジョンと人材像の明確化：

組織として目指す姿、期待される行動や人材像などが明確に定義されている。

1―2　人材像に基づく採用・評価・登用：

「期待される人材像」に基づいて人材の採用が行われ、その基準が評価制度や人材の登用基準にも十分反映されている。

1―3　ビジョンと人材像の浸透・共有：

組織として目指す姿や、期待される人材像の意味するところが社員にも広く浸透し、共有され、具体的な仕事の場面での意味を社員一人一人が理解している。

■分野2：コミュニケーションを通じた相互理解と支援

2－1　コミュニケーションを通じた相互理解と支援：

社員は、自分の仕事における期待や果たすべき役割について、上司や周囲の先輩、同僚などと十分なコミュニケーションを通じて理解しており、仕事への取組みにあたって周囲から支援を受けている。

2－2　フィードバックによる気づきを通じた能力開発：

上司だけではなく先輩や同僚、部下、後輩など多様な人から、ポジティブ・ネガティブ両面のフィードバックを受けることを通じて、一人一人が気づきを得ている。

2－3　相互に学び支援し啓発し合う組織：

相互学習の場が多く、互いに教え合い、学び合い、刺激し合うことが習慣となっており、社員はそうした機会を十分得ている。

■分野3：仕事を通じた人材育成

3－1　仕事及び必要能力の体系化・可視化と自身の能力水準の把握：

一人一人が、仕事の全体像や背景、仕事遂行に求められる能力発揮水準、それと比した自身の現在の能力発揮レベルを理解した上で、日々の仕事に取り組んでいる。

3-2　仕事における背伸びを通じた能力開発と成長：
一人一人が、常に成長できるように、育成を意識した「背伸びをさせる」仕事や課題の付与が社員に行われており、背伸びの過程では経営者や管理職が支援している。

3-3　キャリアステップの提供による成長の継続：
個人の中長期的、継続的成長や、キャリアの形成のための次のステップ（社内外を問わず）を社員に意識させ、その機会を提供している。

■分野4：職場育成機能を補完する人材育成投資

4-1　充分な初任者導入教育：
入社時（新卒、中途とも）や、職種転換時など個人が大きな変化に直面する際、新しい職務、職場に適応するための支援や学びの機会が、会社から十分に提供されている。

4-2　職場では得られない特定スキル・基礎理論や教養の獲得機会：
職場での育成機能（OJTなど）ではカバーしきれない能力育成・開発のために、職場外の学習機会、研修などの充分な人材育成投資を行っている。

4-3　長期的視点の意図的なコア人材育成投資：
この会社は、リーダー人材、高度専門人材など、日常業務では育ち難く、育成に時間のかかる人材を長期的視点で発掘し、育成に取り組んでいる。

■分野5：人・仕事・キャリアへの取組み姿勢の形成支援

5-1　個人に焦点を当てた人間尊重の風土と人への関心：

日常の多様なコミュニケーションを通じて、個人が人間として相互に関心を持ち合い、人として尊重し合い、支え合う風土が確立されている。

5-2　気づきや腹落ちを通しての仕事観や仕事への取組み姿勢の形成：

一人一人が気づきや納得のプロセスを通して、しっかりとした価値観やマインドセット、姿勢を持ち、自分の仕事に取り組んでいる。

5-3　高い視線や広い視野を持ったキャリア自律の意識の形成：

一人一人が高い視点と広い視野を持ち、主体的に、向上心を持って自身のキャリア形成に取り組んでいる。

第6章 コラム

5年前の講演会が「職場の基礎代謝」のヒントに

今から5年前の2012年7月1日に「グローバル時代の人材育成と事業展開について考える！」というタイトルの講演会を沖縄で企画しました。

今にして思えば、この時にご登壇いただいた3名のお話に、「職場の基礎代謝」のヒントとなる考え方が詰まっていました。

その3名とは、**高橋俊介先生**（慶応義塾大学大学院政策・メディア研究科特任教授）、**酒井穣さん**（株式会社 steekstok 代表取締役社長CEO）、そして、**仲山進也さん**（楽天大学学長）です。

高橋先生、酒井さんについてのお話は、本書で前出していることから、ここでは割愛させていただき、このコラムでは、楽天の正社員でフリーランスとしての仕事も許可されていて**「自由過ぎるサラリーマン」**として有名な仲山さんの著書についてご紹介します。

著書『今いるメンバーで「大金星」を挙げるチームの法則「ジャイアントキリング」の流儀』（講談社）、通称は「ジャイキリ本」といいます。

「ジャイアントキリング」というサッカー漫画を題材として、「弱いチームが、同じメンバーでありながら、ひとりのコーチのもと一致団結し、強いチームに逆転勝利する」という出来事を「組織論」や「チームビルディング」について触れながら、仲山さんの視点で分かりやすく解説されています。

この本に書かれている内容は、まさに、**「選手の能力×チームの基礎代謝アップ＝チームの実力アップ（ジャイアントキリング）」**です。ぜひ、ご一読ください。

■参考文献

『代謝を上げると健康になる―免疫、体温、体調アップ体重、血圧、血糖ダウン』鶴見隆史、マキノ出版
『ホワイト企業　サービス業化する日本の人材育成戦略』高橋俊介、ＰＨＰ新書
『あなたは、今の仕事をするためだけに生まれてきたのですか―48歳からはじめるセカンドキャリア読本』野田稔・伊藤真、日本経済新聞出版社
『フィードバック入門　耳の痛いことを伝えて部下と職場を立て直す技術』中原淳、ＰＨＰビジネス新書
『不機嫌な職場　なぜ社員同士で協力できないのか』高橋克徳・河合太介・永田稔・渡部幹、講談社現代新書
『職場は感情で変わる　不機嫌な職場』高橋克徳、講談社現代新書
『ご機嫌な職場　「職場コミュニティー」再構築の方法』酒井穣、東洋経済新報社
『活躍する人のセオリー　強みを活かす』曽山哲人、ＰＨＰビジネス新書
『アンガーマネジメント入門』安藤俊介、朝日文庫
『組織は変われるか――経営トップから始まる「組織開発」』加藤雅則、英治出版
『これからの教え方の教科書』阿部淳一郎、明日香出版社
『生きる職場　小さなエビ工場の人を縛らない働き方』武藤北斗、イースト・プレス
『日本でいちばん大切にしたい会社　1～5』坂本光司、あさ出版
『働き方改革　個を活かすマネジメント』大久保幸夫・皆月みゆき、日本経済新聞出版社
『心が折れる職場』見波利幸、日経プレミアシリーズ（新書）
『99％の人がしていない　たった1％のリーダーのコツ』河野英太郎、ディスカヴァー・トゥエンティワン
『なぜ会社は変われないのか　危機突破の風土改革ドラマ』柴田昌治、日経ビジネス人文庫
『職場の問題地図～「で、どこから変える？」残業だらけ・休めない働き方』沢渡あまね、技術評論社
『生産性―マッキンゼーが組織と人材に求め続けるもの』伊賀泰代、ダイヤモンド社
『生産性が高い「残業ゼロ職場」のつくり方』株式会社名南経営コンサルティング、日本実業出版社
『今いるメンバーで「大金星」を挙げるチームの法則―「ジャイアントキリング」の流儀』仲山進也、講談社
『60の先進事例で学ぶ　本当の働き方改革』日経ＢＰムック
『全員経営　ハイパフォーマンスを生む現場　13のケーススタディ』野中郁次郎・勝見明、日本経済新聞出版社

おわりに

「職場の基礎代謝」の考え方で…、気持ちが「楽」になりました！

「不」の解消を職場でも…、これなら「自分」にもできそうです！

「能力×○○＝実力」の公式で…、長年の悩みが「解決」しました！


かつての私のように、「人材育成」や「組織活性化」で悩んでいる職場リーダーの元へ、「職場の基礎代謝」という処方箋を――こんな想いから始まったプロジェクト。

企画書の発送から、ちょうど1年。今こうして1冊の本となり、全国の皆さまにお届けできることを嬉しく思います。

今回の出版にあたり、最後まで企画を精査してくださった合同フォレスト・山崎絵里子さん＆スタッフの皆さま。表紙を何度もデザインしてくださった華本達哉さん。

「不」の解消というヒントをくださった出版講座・木暮太一さん、「不機嫌」の仕組みをご教授いただいた日本アンガーマネジメント協会・安藤代表。

それ以前に、全くの初心者であった私をこの道へお誘いくださった慶応義塾大学大学院・高橋先生。いつも最新の情報と的確な助言をくださる明治大学専門職大学院・野田先生、インヴィニオ・土井社長、ゼロイン・並河副社長、ＰＤＣ・坂本社長、慶應義塾大学ＳＦＣ研究所・花田先生と宮地先生。

東京・大阪・名古屋・宮崎・仙台・静岡など、全国各地での「職場の基礎代謝」セミナーの共同企画をしてくれるドリプラ関連の皆さま。人材育成と組織開発に真摯に取り組み、より良い企業を目指す沖縄県内企業の経営者・人事担当者の皆さま。

そして、この取組みを支え続けてくれる沖縄人財クラスタ研究会メンバーと、10年も前から重要な場面で支援してくださる梅原一剛さんに、心よりお礼を申し上げます。

２０１８年３月

「職場の基礎代謝®」専門家
沖縄人財クラスタ研究会　代表理事
白井　旬

● 著者プロフィール

白井　旬（しらい・じゅん）

「職場の基礎代謝®」専門家
特定非営利活動法人沖縄人財クラスタ研究会　代表理事

1995年に流通科学大学を卒業後、大手旅行会社へ入社。2001年に業務系ITコンサル企業へ転職し、沖縄支店長を務めるが倒産。その経験から人材育成と組織開発に興味を持つ。その後、経済支援団体と地銀系シンクタンクを経て、2012年に沖縄人財クラスタ研究会の代表理事となる。

現在は、慶應義塾大学大学院・特任教授の高橋俊介氏と連携し、沖縄県の「人材育成企業認証制度」や「人材育成推進者養成講座」などを企画・運営している。

「職場の基礎代謝®」の考え方をベースに、アンガーマネジメント、ドリームプラン・プレゼンテーション（ドリプラ）、レゴ®シリアスプレイ®メソッド、2030SDGs カードゲームなどを活用し、全国のべ１万人以上の人材育成研修や組織活性化支援に携わる。

その他、大卒入社３年以内の離職率が約50％の沖縄県において、当法人が事務局を務める「Guts インターンシップ」修了生の離職率は10％未満という実績を上げ、注目を浴びている。

- 本書に関する感想などお気軽にお寄せください。
  junshirai73@yahoo.co.jp

組　　版　GALLAP
装　　幀　華本 達哉（aozora.tv）
図　　版　Shima.
校　　正　高柳 涼子

生産性を高める職場の基礎代謝
――社員の「不」を解消し、能力を引き出すヒント

2018年4月10日　第1刷発行
2022年4月10日　第4刷発行

著　者　白井　旬
発行者　松本　威
発　行　合同フォレスト株式会社
郵便番号 184-0001
東京都小金井市関野町 1-6-10
電話 042（401）2939　FAX 042（401）2931
振替 00170-4-324578
ホームページ https://www.godo-forest.co.jp
発　売　合同出版株式会社
郵便番号 184-0001
東京都小金井市関野町 1-6-10
電話 042（401）2930　FAX 042（401）2931
印刷・製本　株式会社 シナノ

■落丁・乱丁の際はお取り換えいたします。

ISBN 978-4-7726-6106-5　NDC 336　188×130